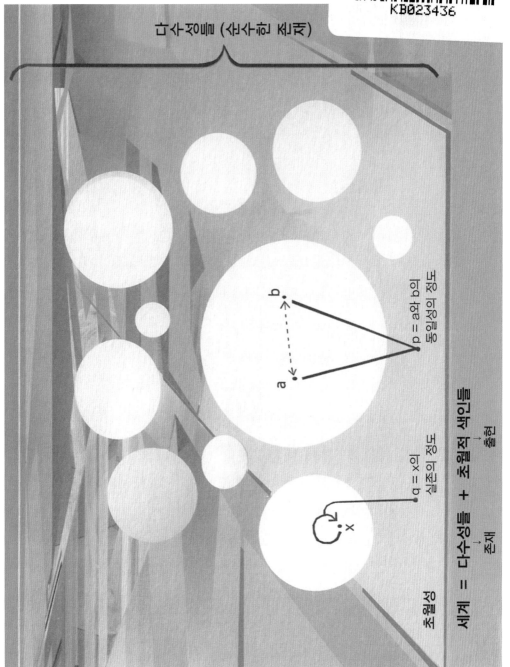

다수성들 (순수한 존재)

b

a

p = a와 b의
동일성의 정도

q = x의
실존의 정도

x

→
출현

→
존재

초월성

세계 = 다수성들 + 초월적 세인들

철학을 위한 두 번째 선언

우리 시대의 새로운
프런티어21
지적 대안 담론

철학을 위한 두 번째 선언

알랭 바디우 지음 | 박성훈 옮김 | 서용순 감수

도서출판

알랭 바디우(Alain Badiou, 1937~)는 모로코의 라바(Rabat)에서 태어났다. 프랑스 파리고등사범학교 출신으로 젊은 시절에는 사르트르주의자였고, 이후 알튀세르의 작업에 참여하여 1968년 과학자를 위한 철학 강의에서 '모델의 개념'이라는 제목으로 강연을 하기도 했다. 그러다 68년 5월 혁명 이후 확고한 마오주의 노선을 취하며 알튀세르와 결별했고, 1970년대 내내 마오주의 운동에 투신했다. 하지만 이후 프랑스에서 마오주의 운동이 쇠락하자 다른 정치적, 철학적 대안을 찾고자 노력한다. 마침내 바디우는 1988년 『존재와 사건』을 출판하여 철학의 새로운 전망을 열었고, 이후 2006년에 『존재와 사건』의 2부인 『세계의 논리』를 출간하고, 2018년에는 3부인 『진리들의 내재성』을 내놓음으로써 그의 진리 철학에 방점을 찍는다. 또한 그는 정치적 투사로서 2000년 이후 중요한 정치적 사안에 개입하여 신자유주의 정치를 신랄하게 비판하는 한편, '당 없는 정치'를 주창하며 의회민주주의에 대한 가장 근본적인 비판을 수행하고 있다. 이러한 정치적 개입은 『정황들』 연작 등에서 확인할 수 있다. 파리8대학 교수로 재직했고, 1999년부터 파리고등사범학교 교수로 활동했으며, 2002년에는 고등사범학교 부설 프랑스현대철학연구소를 창설했다. 현재는 미국과 영국 등지에서 활발한 강연 활동을 하고 있으며 프랑스현대철학연구소의 소장 직을 맡고 있다. 지은 책으로는 『철학을 위한 선언』, 『수와 수들』, 『조건들』, 『윤리학』, 『사도 바울』, 『세기』, 『유한과 무한』, 『사랑 예찬』, 『수학 예찬』, 『투사를 위한 철학』, 『철학과 사건』, 『행복의 형이상학』, 『참된 삶』 등이 있다.

옮긴이 **박성훈**은 생물학 전공자였지만 지금은 철학 및 신학 관련 책들을 번역하고 있다. 바디우의 『수학 예찬』, 『정치는 사유될 수 있는가』, 『참된 삶』, 『검은색』, 『메타정치론』(공역), 『비트겐슈타인의 반철학』(공역), 『행복의 형이상학』, 피터 홀워드의 『알랭 바디우: 진리를 향한 주체』, 올리버 펠섬의 『알랭 바디우』, 테드 W. 제닝스의 『무법적 정의 바울의 메시아 정치』, 『예수가 사랑한 남자』, 『데리다를 읽는다/바울을 생각한다』, 지그문트 바우만의 『이것은 일기가 아니다』(공역) 등을 우리말로 옮겼다.

감수자 **서용순**(徐鏞淳)은 프랑스에서 알랭 바디우의 지도로 박사 학위를 받았다. 2005년에 귀국하여 바디우의 저작을 다수 번역하여 그의 진리철학을 소개한 바 있다. 바디우의 철학을 바탕으로 한국 사회의 정치 · 문화적 난맥상에 대한 연구를 진행하고 있다. 현재 성균관대학교 대학원 비교문화협동과정, 한국예술종합학교 예술교양학부에서 강의하고 있다. 바디우의 『철학을 위한 선언』, 『투사를 위한 철학』, 『철학과 사건』, 『반역은 옳다』, 『베케트에 대하여』를 우리말로 번역했고, 『철학의 조건으로서의 정치』, 『세계화된 세계의 정치에 대한 소고』, 『바디우 철학에서의 존재, 진리, 주체』, 『예술의 모더니티와 바디우의 비미학적 사유』 등 다수의 논문을 집필했다.

우리 시대의 새로운
프런티어21
지적 대안 담론 ㉖

철학을 위한 두 번째 선언

2022년 10월 20일 제1판 제1쇄 찍음
2022년 10월 31일 제1판 제1쇄 펴냄

지은이 | 알랭 바디우
옮긴이 | 박성훈
펴낸이 | 박우정

기획 | 천정은
편집 | 천정은 · 박동수
감수 | 서용순

펴낸곳 | 도서출판 길
주소 | 06032 서울 강남구 도산대로 25길 16 우리빌딩 201호
전화 | 02)595-3153 팩스 | 02)595-3165
등록 | 1997년 6월 17일 제113호

ISBN 978-89-6445-261-5 93160

차례

0

서론

선언문을 쓴다는 것은, 철학만큼이나 강력한 초시간적 야망을 지닌 어떤 것을 위한 선언이라 해도, 공표를 실행할 순간이 도래했음을 공표하는 것이다. 선언은 언제나 선언의 의도와 순간을 구별할 수 없게 하는 '~라고 말할 때이다'라는 문구를 포함한다. 나로 하여금 철학을 위한 선언이, 더욱이 두 번째 선언이 당면과제라고 판단하게 하는 것은 무엇인가? 사유와 관련하여 우리는 어떤 시기를 살고 있는가?

내 친구 프레데릭 보름스(Frédéric Worms)를 따라서 망설임 없이 인정해야 할 것은 프랑스에서 1960년대와 80년대 사이에 — 작고한 사상가들만 언급해서, 사르트르의 위대한 후기 저작들을 비롯해 알튀세르, 들뢰즈, 데리다, 푸코, 라캉, 라쿠-라바르트 혹은 리오타르의 주요 저작들이 쓰였던 — 강력한 철학적 '순간'이 있었다는 점이다. 중국인들이 말하는 '반면교사'에 따르자면, 이 논점에 관한 증거는 그 과거의 기간에 무엇이 되었든 엄청난 또는 심지어 받아들일 만한 일이 일어났다는 것을 부정하며 몇몇 미디어 스타들과 흥분한 소르본 대학 교수들의 결탁이 보여주는 악착스러움이다. 이 결탁이 보여준 것은 모든 수단이 여론에 무의미한 판결을 내리는 데 유용하다는 점이다. 윤리, 민주주의, 그리고 필요하다면 경건함을 조미료로 친 야만적인 출세지상주의(carriérisme)나 혹은 이에 못지않을 정도로 야만적인, **미래 없음**(*no future*) 소스를 뿌린 짧은 주이상스의 허무주의라는 고약한 선택에 내몰린 청년 세대 전체의 명백한 희생까지 포함해서 말이다. 이러한 악착스러움의 결과로, 오늘날 유효한 목소리를 회복하기 위한 청년들의 영웅적 노력과 위대한 시대의 생존자 및 상속자들*의 약해진 대오 사이에 벌어진 철학의 구멍은 우리의 외국 친구들을 당황시킨다. 프랑스와 관련하여, 사르코지의 당선은 오직 그것만으로도 20년 동안 진행된 우

---

* 프랑스에는 진정한 철학자들의 원기왕성한 세대가 실존하는데, 이들은 어디에나 갖다 쓸 수 있는 윤리를 말하는 앵무새도 지루한 학문적 지식을 전달하는 제도권 학자도 아니며, 대략 서른 살에서 마흔 살 정도에 해당하는 세대이다. 선배 세대 중에는, 비록 좋았던 시절에 찬란히 빛난 섬광의 본성이나 이와 관련한 준거들에 관해 입장이 갈리기는 하지만, 공적인 무대 위에서 그 시절의 섬광을 이어가는 데 성공한 여러 사람이 있다. 처음에 프랑스에서 일어났던 도약의 기세가 보다 긴 시간 유지된 외국의 상황은 더 나은 편이다. 아직 절망할 순간은 아닌 것이다. 승부는 우선 전수되는 것에서 벌어지는데, 그것은 소통이나 아카데미즘●과는 다른 것을 전제하고, 다음으로는 이러한 전수에 적용되는 전환의 작용들에서 벌어지는데, 그것은 새로운 동시대성을 전제한다. 그 두 과정은 적절하게 시작되었고, 이에 따라 우리는 과학만능주의와 현상학의 지배적인 연합을, 다시 말해 제약하는 '현실'과 진부한 윤리의 연합을 장차 극복할 수 있음을 알게 되었다. 〔●'아카데미즘'이란 학계의 인습적 전통이나 이를 고수하려는 태도 등을 의미한다.〕

리 지식인들의 몰락만큼이나 그들을 경악시키기에 충분했다. 보통 우리의 '미국 친구들'이 쉽게 잊는 사실은 프랑스가 강력한 개념적 창안의 호위를 받은 몇 차례 장대한 대중적 히스테리의 장소이기도 하지만, 마찬가지로 베르사유의 반동*과 뿌리 깊은 비굴함의 장소이기도 하며, 거기에 가담한 많은 지식인들의 선동적 집결이 결코 부족하지 않았다는 점이다.

'당신들, 우리가 그토록 사랑했던 프랑스 철학자들은 그 암울한 80년대와 90년대에 무엇을 했는가?'라는 질문이 집요하게 던져진다. 글쎄, 우리는 우리 손으로 쌓아 올린 여러 보전된 장소 안에서 계속 일하고 있을 뿐이다.

하지만, 여기서 점점 더 많은 징후들이 프랑스의 역사적, 정치적, 지성적 상황이 극히 악화된 것처럼 보임에도 불구하고 혹은 그렇게 보이기에, 새로운 세대에 대한 불만스럽지만 교양 있는 공격에 충실한 노고를 바치는 우리 늙은 생존자들이 약간의 자유로움을, 공간과 빛을 되찾을 것임을 보여준다.

나의 첫 번째 『철학을 위한 선언』▪은 1989년에 출간되었다. 이 시

• 1871년 3월에 시작하여 5월까지 지속된 파리 코뮌은 당시 프랑스 제3공화국 정부가 위치해 있던 베르사유로부터 파견된 진압군에 의해 종결을 맞게 된다. 바디우가 사용한 '베르사유의 반동'이라는 문구는 파리 코뮌과 관련한 역사 전개를 지칭하는 듯 보인다.

▪ 『철학을 위한 선언』(*Manifeste pour la philosophie*, Le Seuil, Paris, 1989)은 다음의 언어로 번역 출판되었다.
 - 스페인어, par V. Alcantud, Catedra, Madrid, 1989.

기가 그리 즐거운 시기가 아니었다는 점을, 여러분이 믿어주었으면 한다! 한없이 연장된 미테랑 집권기에 의한 1968년 5월 이후 '붉은 시대'의 매장, '신철학자들'과 그들의 인도주의적 공수부대의 오만, 유일한 수단으로서 인권과 결합된 내정 간섭권, 전 세계의 굶주린 자들에게 도덕적 교훈을 베푸는 배부른 서구의 요새, 공산주의적 가설의 부재를 초래한 소비에트 연방의 영광 없는 쇠락, 타고난 장사꾼으로 되돌아간 중국인들, 재력가와 직업 정치인 그리고 TV 방송 진행자들로 이루어진

- 덴마크어, par K. Hyldegaard et O. Petersen, Slagmark, Arhus, 1991.
- 포르투갈어, par M.D. Magno, Angélica, Rio de Janeiro, 1991.
- 이탈리아어, par F. Elefante, Feltrinelli, Milan, 1991.
- 독일어, par J. Wolf et E. Hoerl, Turia + Kant, Vienne, 1998.
- 영어, par N. Madarasz, Suny, New York, 1999.
- 한국어, Séoul, 2000〔2008, 서용순 옮김〕.
- 크로아티아어, par K. Jesenski i turk, Zagreb, 2001.
- 러시아어, par Y.E. Lapitsky, Machina, Saint-Pétersbourg, 2003.
- 슬로베니아어, par R. Riha et J. Sumic-Riha, Zalozba ZRC, Ljubljana, 2004.
- 일본어, Tokyo, 2004.
- 스웨덴어, par D. Moaven Doust, Glänta produktion, Stockholm, 2005.
- 터키어, par Nilgün Tutal et Hakki Hünler, 2005.
- 그리스어, par Ada Klabatséa et Vlassis Skolidis, Psichogios Pub, Athènes, 2006.

말이 난 김에 내가 첫 번째 선언에서 인용하고 토론했던 나와 동시대를 산 철학자들 중 거의 모두가 그 이후로 작고했다는 점을 일러두고 싶다. 들뢰즈, 데리다, 라쿠-라바르트, 리오타르…. 2008년에 내 친구 에릭 아장(Eric Hazan)이 운영하는 파브리크 출판사에서 나온 『작은 휴대용 판테온』(Petit Panthéon portatif)〔한국어 판: 『사유의 윤리』〕을 살펴본다면, 나와 그들을 연결하는 사안에 관해 어느 정도 이해할 수 있을 것이다.

편협한 과두정의 음울한 독재를 도처에서 확인하는 '민주주의', 보편적 권리의 훼손을 시도하며 민족적·인종적·성적·종교적·문화적 정체성을 숭배하는 것 등등…. 이런 조건에서 사유의 낙관주의를 유지하고, 아프리카 출신의 프롤레타리아들과 긴밀하게 연계하여 새로운 정치적 표현을 실험하고, 진리의 범주를 재발명하고, 구조의 필연성과 사건의 우발성에 관해 완전히 개작된 변증법에 따라 절대적인 것의 오솔길로 진입하며, 아무것도 양보하지 않는 일…. 엄청난 일이 아닌가! 바로 그러한 노고를 첫 번째 『철학을 위한 선언』이 간결하면서도 동시에 경쾌한 방식으로 증언했던 것이다. 이 작은 책은 지하에서 쓴 사유의 수기와도 같았다.

20년이 지난 지금, 현상들의 관성을 감안할 때, 정세는 물론 더 나빠졌지만, 모든 밤은 마침내 새벽의 기약을 간직하고야 만다. 우리의 상황이 더 나빠지기는 어려울 것이다. 국가 권력의 차원에서 사르코지 정부보다 더 나빠지기는 어려울 것이며, 지구적 상황의 차원에서 미국의 군사지상주의(militarisme)와 그 추종자들에 의한 야만적 형태의 침탈보다, 치안의 차원에서 셀 수 없이 많은 통제, 사악한 법, 체계적 난폭함, 오로지 부자들과 배부른 서구인들을 그들의 수많은 태생적 적들 곧 지구 전체에, 특히 아프리카에 산재한 수십억의 빈자들로부터 보호하도록 마련된 벽과 철조망보다, 이데올로기의 차원에서 누더기가 된 세속주의, 희극이 된 '민주주의', 그리고 비극적으로 나치에 의해 자행된 유럽 유대인 말살▪의 혐오스러운 도구화를 야만인으로 가정된 이슬람에 맞세우려 하는 역겨운 시도보다, 마지막으로 지식의 차원에서 우리에게 강요되는 기술화된 과학지상주의(scientisme) ―그 정수는 컬러 입체 영상으로 뇌를 관찰하는 것이다―와 관료적 법률지상주의(juridisme) ―그 최고 형태는 난데없이 튀어나와 사유는 무익하며 심지어 유해하다는 한결같은 결론을 내리는 전문가들이 모든 일을 '평가'하는 것이다―가 뒤섞인 기이한 혼합물보다 더 아래로 떨어지기는 어려울 것이다. 그렇지만 우리가 아무리 낮은 곳으로 떨어졌다 하더라도, 다시 말하지만 거기에는 오늘날의 중요한 미덕을 북돋우는 징후들이 있다. 용기와 그것의 가장 보편적인 버팀목인 확신이, 곧 **이념**(Idée)의 긍정적인 힘이 복귀할 것이고, 이미 복귀했다는 확신이 있다는 말이다. 이 책은 그러한 복귀를 향한 헌사이며, 다음과 같은 질문에 따라 구성된다. **이념**이란 무엇인가?

내 특유의 작업에 긴밀하게 뿌리박고 있는 관점에서, 이 『철학을 위한 두 번째 선언』과 2006년에 『세계의 논리』(Logiques des mondes)라는 제목으로 출간된 '존재와 사건' 2권 사이의 관계는 첫 번째 선언과 1988년에 출간된 '존재와 사건' 1권 사이의 관계와 분명히 동일하다고 말할 수 있다. 이를테면 '큰 작품'이 완결적이며 정식화되고 예시를 들며 상세한 형태로 제시하는 주제들을 단순하고 즉각 가동할 수 있는 형태로 제공한다고 말이다. 그러나 더 넓게 볼 때, 1988년의 간결하고 명

■ 이 사안에 관해서는 세실 빈터(Cécile Winter)와 내가 "'유대인'이라는 말의 범위"(Portées du mot 'juif')라는 제목으로 구체화해서, 내 친구 미셸 쉬르야(Michel Surya)가 편집장을 맡고 있는 리뉴 출판사에서 5년 전부터 출판한 『정황들』(Circonstances) 연작의 3권에 나온 자료를 참고할 수 있을 것이다.

료한 형식은 또한 사유가 암중에서 지속되고 있음을 증명하고자 하며, 2008년의 형식은 틀림없이 사유가 거기서 빠져나올 능력이 있음을 증명하고자 한다고도 역시 말할 수 있다.

결국 1988년에 『존재와 사건』의 중심 문제가 유(類)적인 다수성 (multiplicité générique) 개념을 통해 사유된 진리들의 **존재**에 관한 문제였다는 점은 확실히 우연이 아니다. 다른 한편으로, 2006년에 『세계의 논리』에서, 문제는 진리의 몸(corps de vérité)* 혹은 주체화 가능한 몸이라는 개념을 통해 발견되는 **출현**(*apparaître*)에 관한 것이 된다.

단순화하여 생각해 보자. 20년 전에 선언을 쓴다는 것은 다음과 같이 말하는 것으로 귀착되었다. '철학은 사람들이 철학이란 무엇이다라고 말하는 것과는 전적으로 다른 것이다. 그러니 당신이 보지 못하는 것을 보도록 노력하라.' 오늘날 두 번째 선언을 쓴다는 것은 오히려 이런 말을 하는 것이다. '그렇다! 철학은 당신이 바라는 그것이 될 수 있다. 여러분이 생각하는 것을 실제로 보도록 노력하라.'

---

* 'corps'에는 '몸', '신체' 등의 의미 외에 '집단', '단체'의 의미도 있다. 바디우가 말하는 진리는 어떤 물질적 차원을 지니며, 동시에 진리를 구성하는 주체는 결코 개인적 차원에 머물지 않는다는 점에 유의해야 한다.

O-1

기획

그러므로 철학을 위한 선언은 철학의 실존을 그 실존에 의해 결정된 순간에 철학적으로 선언한다. 그 실존이 어떤 것이든, 이 선언은 내재적인 방식으로 실존의 선언을 규정하는 규칙에 따라 철학의 실존을 선언한다. 따라서 하나의 방법론적 순서가 강제된다.

1. 철학의 실존을 철학적으로 선언해야 한다면, 그것은 이 실존이 의견을 통해 의심되거나 심지어 반박되기도 하기 때문이다. 그렇지 않다면 그러한 실존의 선언이 지니는 효용이 무엇이겠는가? 따라서 우리는 그러한 선언이 부과되는 순간을 지배하곤 하는 의견으로부터 논의에 착수해야 한다. 그 의견의 주제는 무엇이고, 그 의견의 작용들은 어떤 것이며, 결국 그 의견은 어떤 이유로 철학의 실존에 대한 부정을 내포하는가? 따라서 우리의 첫 번째 제목은 바로 **의견**(*Opinion*)이 될 것이다.

2. 철학의 초시간적 본질이 아니라 현재의 순간에 드러나는 철학의 실존이 쟁점이라면, 이 선언은 역사를 넘어서는 것으로 상정되는 철학의 존재(*être*)가 아니라 있는 그대로의 세계 내에서 드러나는 철학의 실존(*existence*)을 대상으로 해야 한다. 그러나 실존은 어떤 한 정해진 세계 내에서 출현(apparaître)의 범주인 데 반해, 존재는 그 단독성(특이성, singularité)과 별개로 세계 전체를 구성하는 어떤 것의 범주이다. 따라서 지금 여기에 해당하는 철학의 실존을 겨냥한다면, 이 선언문은 어떤 현실의 출현을 통해 이해해야 하는 바를 설명해야 한다. 그러므로 두 번째 장은 마땅히 **출현**(*Apparition*)이라는 제목을 달게 될 것이다.

3. 하지만 현재의 순간에 철학의 관건을 구성하는 어떤 것의 출현이 바로 의견에 의해 부정되는 것이라면, 우리에게 중요한 출현(철학의 실존을 명령하는 출현)과 출현 일반을 동일시할 수는 없다. 실제로 의견은 출현 '일반'을 근거로 삼아 — 내가 이해하는 의미에서 — 진정으로 철학적인 그 무엇도 있는 그대로 지속될 세계 안에 나타나지 않는다고, 나타날 수도 없으며 나타나서도 안 된다고 주장한다. 그러므로 선언문을 떠받치는 개념적 탐구에는 출현을 구별하고, 그 형태들을 낱낱이 개별화하며, 서로 구분되는, 심지어 모순되는 대상들을 제시하는 작업이 수반된다. 요컨대 우리는 차이들의 차이로서 드러나는 세계들의 논리를 사유해야 한다. 따라서 세 번째 장의 제목은 **구별**(*Différenciation*)이다.

4. 그렇지만 우리는 차이들의 논리적 규제에만 관심을 가질 수 없다. 단지 철학과 철학이 아닌 것의 관계만이 아니라 철학의 실존 또한 중요

하며, 따라서 철학을 실존하도록 혹은 사라지도록 강요하는 운명 속에서 철학이 자기 자신과 맺는 관계가 중요하기 때문이다. 우리는 오늘날 철학의 실존적 일관성을 제시해야 하며, 이를 위해서 철학의 출현과 그 실존의 힘은 동일해야 한다. 그러나 실존한다는 것은 무엇인가? 이 네 번째 질문으로부터 **실존**(*Existence*)이라는 제목이 나온다.

4-1. 철학의 실존에 이런 방식으로 정의된 실존 범주를 즉각 적용함으로써, 오늘날 세계 내에서 나타나는 철학의 실존을 20년 전에 세계를 조직했던 철학의 실존과 비교할 것이다.

5. 하지만 이는 아직 특이한 철학적 긴급성을, 즉 세계의 현시 안에서는 그 무엇도 중요한 의제가 되지 못한다는 점을 보여주는 데 충분치 않다. 만약 우리 철학자들이 그러한 긴급성을 선언하더라도 '일반적으로' 그러한 선언에 설득력이 없다면, 이는 강렬하고 긴급한 방식으로 실존하는 것에 대한 우리의 탐지가, 다시 말해 우리 선언문의 정당성을 정초하는 탐지가, 나타나는 그대로의 세계를 지배하는 탐지와 같은 것이 아니기 때문임이 분명하다. 그러므로 우리가 합리적으로 주장하고 제시해야 할 것은, 실존의 강도(강렬함, intensités)와 행동의 긴급성에 관한 분포를 조직하는 어떤 것에 본질적인 방식의 변화가 찾아오는 순간이 있다는 점이다. 문자 그대로, 누가 보기에도 이전에 실존하지 않던 어떤 것이 최대한으로 실존하게 된다는 것이다. 선언의 순간은 철학을 가능하게 하는 어떤 것이, 나타나는 어떤 것에 관한 쇄신과 부정으로서, 세계 내에 펼쳐진 실존의 강도의 분포에 대한 처음에는 매우 국지적이기는 하지만 근본적인 개정이라는 맥락에서 돌발하는 순간이며,

이에 따라 '무엇인가'(quelque chose)가 세계 내에 나타나는, 다시 말해 철학적 관심을 명령하는 무엇인가의 출현이 이 '어떤 것'(chose)에 관해 '그것은 아무것도 아니었으나, 이제 모든 것이다'라고 말할 수 있는 본성을 얻게 되는 순간이다. 요컨대 모든 선언문은, 그 철학적 선언이 실행되는 세계의 층위에서, 출현을 지배하는 법칙들 가운데 일종의 순수하고 가차 없는 단절이 있음을 주장한다. 이로부터 다섯 번째 장에 **변동**(*Mutation*)이라는 제목이 부과된다.

6. 세계 내에 실존하는 것을 합당하게 '몸'(corps)이라 명명하도록 하자(우리는 유물론자들이다). 철학에 관련된 '어떤 것'이 세계 내에 돌발한다면, 거기에서 그것은 어떤 몸의 생성으로 돌발한다. 이 선언문이 긴급하게 권고하는 것은 그러한 몸의 실존에 관한 실험이며, 이를 통해 우리는 왜 이 전적으로 새로운 실존에서 관건이 철학에 의해 재확인된 실존인지 알 수 있게 된다. 몸의 실존에 관한 실험은 하나의 실천이지 재현이 아니다. 그것은 몸의 생성을, 그 생성의 변천(aléas)을 나누어 가지는 것이며, 그것은 개별자(individu)가 되는 것, 즉 어쩌면 수백만의 다른 이들 중에, 어쩌면 거의 유일하게, 조금 전만 해도 비실존이라 언명되던 그 몸이 세계 내에 전개되는 과정에서 구성요소가 됨을 의미한다. 이는 확실히 **합체**(*Incorporation*)라 명명하는 것이 합당하다고 판단된다.

7. 합체는 새로운 몸, 요컨대 일종의 영광의 신체*의 실존의 증대라

---

* 나는 기적, 은총(은혜), 구원, 영광의 신체, 개심 등 종교에서 유래한 멋진 은유들을

22

는 순수하게 객관적인 차원으로 환원될 수 없다. 실제로 문제가 되는 것은 그러한 몸의 방향(orientation)인데, 특히 바로 이러한 몸의 방향이 철학을 요구한다. '방향'이란 어떻게 이해해야 하는가? 정말로 주체적인 문제는 몸의 세계 내 생성에서 그 몸이 무엇을 겪게 되는가의 문제이다. 누군가는 그 힘을 일련의 시험들 속에서 펼쳐낼 수 있고, 누군가는 몸의 생성 자체의 내부에서 그 실존을 제한하거나 심지어 부정할 수도 있으며, 결국에 가서 누군가는 세계 외적인 신성화된 **몸**(Corps)의 그저 맹목적인 복사본으로 삼거나 심지어 적으로 만들어버릴 수도 있다. 요컨대 긍정적으로 합체될 수도, 부정적으로 합체될 수도, 혹은 반(反)합체(contre-incorporer)될 수도 있다는 것이다. 개별자와 새로운 몸의 관계에 관한 이러한 변종들은 돌발하는 것과 관련된 삶의 전개에 속하기 때문에 철학적 검토의 중심에 있다. 우리는 이들을 이론의 여지 없이 **주체화**(*Subjectivation*)의 변종들이라고 명명할 수 있을 것이다.

8. 궁극적인 철학적 모티프는 다음과 같은 의미에 따른 **이념**(Idée)의 모티프이다. 즉, 이념이란 개별자〔개인〕가 새로운 몸의 촉진자로서 재현될 수 있도록 주체화를 명령하는 것이다. 더 간단히 말해서, 이는 철학의 궁극적인 질문에 대한 답변이다. 삶이라는 이름에 걸맞은 삶이란

좋아한다. 명백히 이러한 취향은 내 철학이 철학을 가장한 기독교라는 결론으로 이어졌다. 내가 1997년에 PUF 출판사에서 낸 성 바울에 관한 책도 문제를 해결하지 못했다. 모든 것을 고려할 때, 나는 세속적인 페미니스트를 가장한 채 이슬람교도 남녀를 박해하는 서구의 '민주주의자'가 되기보다는 종교적 언어 아래 몸을 숨긴 혁명적 무신론자이기를 바란다.

어떤 것인가? 이 선언문은 현재의 조건들 속에서 철학이 이 질문에 하나의 답변을 혹은 최소한 답변의 형식을 제공할 수 있음을 다시 단언한다. 세계의 명령은, 짧은 주이상스의 명령과 마찬가지로, 단지 이렇게 말할 뿐이다. '오로지 너의 만족을 위해서만 살라, 따라서 이념 없이 살라.' 이러한 삶의 사유(pensée-vie)의 폐지에 맞서, 철학은 산다는 것이란 더 이상 삶과 **이념** 사이의 구분이 없도록 행동하는 것이라 선언한다. 삶과 **이념**의 이러한 비식별성의 이름이 **이념화**(*Idéation*)이다.

그렇게, 이 선언문은 그 자체에 담긴 선언을 **의견**, **출현**, **구별**, **실존**, **변동**, **합체**, **주체화** 그리고 **이념화**로 분절한다.

그 후 결론을 내릴 순간이 올 것이다. 즉 고대인들이 바랐던 것과 같이 '불멸자로' 사는 것은 누가 뭐라 해도 누구에게나 가능하다고 말이다. ▪

▪ 이 사안에 관한 논지를 가장 완전하게 펼쳐낸 텍스트는 '삶이란 무엇인가'(Qu'est-ce que vivre?)라는 제목이 붙은 『세계의 논리』(*Logiques des mondes*, Le Seuil, 2006) 결론부이다. 이 결론부에는 까다로우면서도 두꺼운 이 책의 내용이 집약되어 있기는 하지만, 어쨌든 그 자체로도 읽을 수 있다.

1

의견

플라톤 이래 의견(opinion)에 대한 비판은 모든 철학의 의무라고 간주되지만, 의견을 비판하는 일은 어려워졌다. 첫 번째로, 의견은 우리의 나라 —즉, 의회 '민주주의'라는 국가 형태를 취하는 나라— 에서 가장 존중받는 자유의 직접적인 내용이 아닌가? 두 번째로, 이른바 여론(opinion publique)이라는 것은 조사되고, 소중히 여겨지며, 가능하다면 구매하기도 하는 어떤 것의 다른 이름이 아닌가? 여론조사는 '프랑스인들은 …라고 생각한다'라는 특이한 어구를 만드는 데서 시작하지 않는가? 이는 적어도 두 가지 이유에서 특이하다. 첫 번째 이유는 '프랑스인들'이, 어떤 식으로도 **주체**를 구성하지 않기에, 그 무엇도 '생각'할 수 없음이 거의 확실하다는 점이다. 두 번째 이유는, 프랑스인들이 일관적인 집단을 구성한다 하더라도, 여론조사는 수치로 표기하는 것으로 요약되며 정확히는 '최근에 얻은 우리 수치에 따르면, 설문 대상자에게 제기된 터무니없는 질문의 즉각적인 효과를 제거할 때, 프랑스인들 중 몇 퍼센트는 어떤 의견을 지지하고, 몇 퍼센트는 다른 의견을 지지하며, 나머지 몇 퍼센트는 어느 의견 쪽으로도 기울지 않는다'라고 말한다는 점이다. 그럼에도 ─ 그리고 이것이 의견을 향한 맹목적인 숭배의 세 번째 이유인데 ─ 지배적 담론은, 진창 같은 설문지에 대한 답변에서 순응적인 의견이나 무정부적인 반대의견, 또는 신중한 무의견으로 이루어진 삼중항의 형성을 검토하기보다, 오히려 공적인 행동이 이러한 의견의 결정을 따라야 한다고 생각한다. 이론의 여지 없는 민주주의자인 미셸 로카르(Michel Rocard)를 예로 들어보자. 그는 미테랑이 즐겨 부리며 날마다 질책하던 사회당 출신의 총리이다. 그에게는 후계자들이 질리지도 않고 반복하는 화려한 정치적 문구를 구사하는 재능이 있다. 그 문구들 중 하나는 '프랑스가 세계의 모든 비참함을 수용할 수는 없다'인데, 이는 그 이후로 외국 출신 노동자들에 대한 모든 악랄한 법률의 성공을 이끌어낸다. 우리가 관심을 가지는 표현 또한 확고한 언어로 각인되며, 프랑스와 그 지도자들에게 또 다른 금지 사항을 제시한다. '우리는 여론조사에 반하여 통치하지 않는다.' 그때 플라톤의 철인왕이라면 **정의**와 **진리**에 대한 강박으로 자리에서 물러날 수도 있을 것이다! 유행하는 윤리적 전문용어로 말하자면, 의견의 권위에 반대되는 '훌륭한 통치'는 가능하지 않다. 의견을 개진하는 것, 그것은 지배하는 것이다.

근본적으로 이러한 의견과 그 자유, 여론조사와 그 권위에 관한 문제들은 모두, 정치에 있어(그러나 결국, 우리가 보게 될 것처럼 사유가 요구된다고 여겨지는 모든 장소에서), 어떤 원칙도 없다는 원칙 이외에는, 원칙을 내세워서는 안 된다는 이야기로 귀착된다. 이 민주주의자는 원칙을 절대적인 것으로 고수하는 것이 전체주의의 특성이라고 기꺼이 덧붙일 것이다. 그는 당신의 뒤떨어진 정신에 대해 정겨운 웃음을 머금으며 이런 격언을 떠올릴 것이다. '오직 어리석은 자만이 자기 생각을 바꾸지 않는다.' 그는 번개같이 바뀌는 세계의 변화 속도를 근거로 삼을 것이며, 오로지 그것만으로 가정된 원칙의 경직성을 비난한다. 원칙은 표명되는 순간 이미 고루한 것이다! 뿐만 아니라 그는, 이것이 한편으로는 '유연한 관리'를 위한 기회주의적 규범만이, 다른 한편으로는 원칙의 강박에 맞서 모든 자유를 지키기 위한 사법적 규칙만이 존재하는 이유라고 결론지을 것이다. 사업할 자유가 명백히 우선권을 가진다. 말하자면, 구체적인 유연성의 측면에서, '기업 설립'과 은행 선택의 자유는 모든 것에 앞선다. 그러나 바로 다음으로, 사법적 측면에서, 다른 의견을 가질 타인의 권리에 반하는 것이 아닌 이상 우리가 바라는 그대로의 의견을 가질 자유가 이어진다. 관리와 권리 외에 나머지 모든 것은 허구이다.

이런 망할! 이 시대의 담론에 질려버린 철학자는 말한다. 이건 너무 심하지 않나! 이걸 자세히 살펴보자. 그렇게 철학자는 그 민주주의자에게 묻는다. 원칙이 없다면, 무엇이 있어서 그것에 따라 의견의 다양성이 실재의 어떤 것과 관계를 맺는다는 말인가? 혹은 결정이 죽은 개처럼 현재의 경향에 끌려 다니는 것과는 다른 뭔가가 되는 것은 무엇을 통해서인가? 당신의 원칙 없는 권리는 어디에서 권위를 얻으며, 당신의 유연한 관리는 어떤 근거로 대개 강압의 생성에 동의하는 방향으로만 이루어지는가? 조금 전문적으로 말하면, 당신의 존재론은 무엇인가?

민주주의자는 대답한다. 먼저 자기 의견과 의견의 권리를 갖는 개인들이 있고, 두 번째로 그 자체의 관습과 그 관습의 권리를 갖는 공동체들 혹은 문화들이 있다. 권리는 개인들과 공동체 간의 **관계**를 규제하지만, 관리는 개인들의 최대 이익을 위해 공동체의 **발전**을 보장한다. 하나에는 조화가, 다른 하나에는 성장이, 둘 다에는 조화로운 성장과 지속적인 발전이 귀속된다.

철학자는 지속적인 발전에 한 방 먹고 휘청이면서, 모든 논변을 제쳐두고, 불행히도 사태를 그러한 방식으로 보는 것은 불가능하다고 고백할 수밖에 없다. 플라톤이 모든 사람들에 앞서 밝힌 것처럼, 철학의 공리는 '민주주의자'의 공리가 될 수 없으며, 민주주의자는, 소피스트로 이해할 수 있는데, 바로 의견의 자유를 그리고 심지어 의견을 뒤집을 자유마저 갖는 인간이다.

분명히 철학자는 민주주의자와 마찬가지로 어떤 의미에서 개인들과 공동체들만이 실존한다고 말하는 데 동의할 것이다. **신**도 **천사**도 **역사의 정신**도 없으며, **민족**도 **율법의 석판**도 없다…. 좋다. 우리는 개인적 다수성들이나 복합적인 문화들을 통해 실존의 기록을 만들어낸다. 그렇다. 오늘날 철학자는 민주주의자와 함께(혹은 소피스트—둘은 동일한 인물이라는 점을 다시 이야기해 두자—와 함께) 이러한 유물론적 전제를 공유한다. 이 전제는 다음과 같이 일반화될 수 있을 것이다. '오로지 몸들과 언어들만이 있다.' 우리는 이 준칙이 민주주의적 유물론의 준칙이며, 지배적 이데올로기의 능동적인 중심이라고 말할 것이다. 지배적 이데올로기가 지배해야 한다는 점에 철학자는 동의하며, 이 동의에 자신을 바친다. 다시 말해 철학자 자신도 민주주의적 유물론의 지배를 받는다. 전체적으로 보자면, 민주주의적 유물론의 공리가 선언하는 것만이, 곧 몸들과 언어들만이 실존한다.

그러나 대체로 볼 때만 그렇다. 극단적인 세부사항에서는 예외들이 발견된다. 개인적 단독성이나 문화적 구성물로 식별할 수 없는 '사물' (choses)(잠시 이를 애매하게 놔두도록 하자.) 또한 실존한다. 이 '사물'은 다음과 같은 의미에서 직접적으로 보편적이다. 제 물질성을 구성하는 몸들과 언어들의 기이함에도 불구하고, 그 돌발과 전개에 관련된 세계나 문화 또는 개인들이 아닌 다른 세계나 문화 또는 개인들에 대해 문제가 되는 '사물'은 어떤 가치를, 즉 일종의 고유한 저항을 가진다. '세계'를 몸들과 언어들로 이루어진 유물론적 전체성이라 이해한다면, 이런 종류의 '사물'은 요컨대 세계를 가로지르는(transmondaine) 방식으로 기능한다. 어떤 세계 속에서 창조된 이상, 이런 사물은 **현실적으로** 다른 세계들에 그리고 **잠재적으로** 모든 세계에 유효하다. 그 사물은 하나의 보충적인 가능성이며(그 사물이 그것을 전유하는 세계의 유일한 물질적 자원들로부터 연역될 수 없는 이상), 이 가능성은 모두에게 제공된다고 말해두도록 하자.

분명히 '사물'은 물질적인 면에서 몸들과 언어들로 구성된다. 단순히 말해서 사물은 정해진 문화들 안에서 정해진 개별자들로부터 창조된다. 그러나 그 창조 과정은 사물이 공간과 시간 속에서 전적으로 상이

하며 멀리 떨어져 있는 개별적이며 상징적인 맥락 안에서 이해될 수 있고 사용될 수 있다는 그러한 본성의 창조 과정이기도 하다.

이런 종류의 '사물'은 예술에 속할 수도 있고(쇼베 동굴의 벽화, 바그너의 오페라, 무라사키 부인의 소설, 이스터섬의 석상, 도곤족의 가면, 발리섬의 안무, 인도의 시 등), 과학에 속할 수도 있으며(그리스의 기하학, 아라비아의 대수학, 갈릴레이의 물리학, 다윈의 진화론 등), 정치에 속할 수도 있고(그리스에서 발명된 민주주의, 루터 시대의 독일농민전쟁, 프랑스 혁명, 소비에트의 공산주의, 중국의 문화혁명 등), 혹은 사랑에 속할 수도 있다(도처의 셀 수 없이 많은 사례). 또 다른 사물들도, 다른 유형의 사물들도 있을까? 아마도 그럴 것이다. 나는 그런 사물을 알지 못하지만, 그런 사물들이 실존한다면, 그런 것들의 실존을 기꺼이 인정할 것이다. ■

과학, 예술, 정치, 사랑으로 진술될 때, 세계를 가로지르는 보편적 가치를 가진 그러한 '사물'을, 나는 **진리**라고 명명한다. 사유하기 매우 까다롭고 이 책의 거의 나머지 모든 부분을 차지하고 있는 논점 전체는,

---

■ 『존재와 사건』에서 제시했던 용어로 말하자면, 네 가지 유형의 '유적인 절차들', 즉 정치, 사랑, 예술, 과학은 합리적인 방식으로 어떤 보편성을 주장할 수 있는 인간적 생산이 가능한 독특한 유형들로 연역된다. 그러나 모자람 없는 다른 제안들(노동, 종교, 법 등)은 내가 보기에 전혀 만족스럽지 않다. 근본적인 네 가지 유형에 관한 몇 가지 상세한 연구는 『조건들』(*Conditions*, Le Seuil, 1992)에서, 그리고 특히 1998년에 쇠이유 출판사에서 출간된 삼부작, 『잠정적 존재론 소고』(*Court traité d'ontologie transitoire*)〔한국어 판: 『일시적 존재론』〕, 『메타정치론 강요』(*Abrégé de métapolitique*)〔한국어 판: 『메타정치론』〕, 『비미학 소론』(*Petit manuel d'inesthétique*)〔한국어 판: 『비미학』〕에서 참고할 수 있다. 〔•'사랑'에 관한 바디우의 사유는, 2010년에 국내에서 번역 출간된 『사랑 예찬』(*Éloge de l'amour*)을 참고할 수 있다.〕

몸들과 언어들이 실존하는 것처럼, **진리들이 실존한다**는 것이다. 따라서 철학자는 민주주의적 유물론의 지배적 맥락 속에 예외를 도입해야 한다.[■]

진리는 실제로 민주주의적 유물론에 반대하지 않는다. 진리는 그것의 예외가 될 뿐이다. 그러므로 우리는 민주주의적 유물론의 규약에 내부적인 동시에 외부적이기도 한(라캉이 말한 그대로, '외밀한'(extime)) 철학적 준칙의 표명을 제안할 것이다.

몸들과 언어들만이 있을 뿐이지만, 그럼에도 진리들이 있다.

분명히 이 가벼운 전환이 의견의 지위를 바꾼다. 우리는 **몸들과 언어들이 동일한 세계 안에서 파악되는 이상**, 의견이란 특정한 언어로 몸들이나 언어들에 관해 말해질 수 있는 무엇이라고 말할 것이다. 따라서 하나의 진리는 그 가치가 세계를 가로지르는 것이므로, 결코 하나의 의견으로 환원될 수 없다. 다시 말해 진리의 전유는 **동일한 세계 안에서의 파악**에서가 아니라, **특정한 세계에 대한 일정 수준 ― 흔히 상당히 높은 수준 ― 의 무관심을, 혹은 같은 것으로 귀착되는, 세계들을 진리들의 관점에서 숙고할 때 말할 수 있는 세계들의 단일성에 대한 긍정을 수용하는 파악**에서 이루어진다.

모든 것을 좌우하는 쟁점은 진리가, 이 세계의 재료들(몸들과 언어들)의 도움을 받아 하나의 특수한 세계 안에서 창조된다 하더라도, 원칙적

[■] 『잠정적 존재론 소고』(앞에 언급한 책)의 마지막 장에서 이러한 출현의 이론과 논리학 사이의 등가성에 대한 간략한 개론을 볼 수 있다.

으로 이 특정한 세계에 대한 귀속으로 나타나지 않으며, 따라서 다른 관점으로 볼 때 상이한 세계들이 어쨌든 우리가 논하는 진리의 관점에서 '같은 것들'일 가능성을 수반한다는 점이다.

마르크스는 우리의 산업화된 세계에서 제우스의 벼락이 강력한 발전소에 견주어 창백한 형상으로 약화되었음에도, 우리가 그리스 신화에 감동을 받는 이유가 무엇인지 질문했다. 그의 대답(즉 그리스 세계는 우리의 유년기를 재현하며, 모든 유년기는 감흥을 일으킨다는 대답)은 감동적이지만 그런 만큼이나 설득력이 약하다. 기원에 관한 이 시적 가정에 입각하여, 그 대답은 또한 매우 독일적인 것이라고 해두자. 이는 그 질문이 잘못 제기되었기 때문이다. 세계들의 차이(고대세계와 산업세계)에서 출발하여 세계들에 수수께끼로 공유되는 것(이를테면 소포클레스의 비극)을 구성해서는 안 된다. 오히려 진리에서 출발하여 이로부터 소포클레스의 비극에 비추어 두 세계가 결국 실제로 같은 것임을 간파해야 한다.

진리들은, 그리고 오직 진리들만이 세계들을 통일한다. 몸들과 언어들의 잡다한 복합체들은 진리들에 의해 고정되고, 그 결과 찰나의 시간 또는 때로 더 긴 시간 동안 그 복합체들 사이에 용접 같은 것이 발생한다. 그에 따라, 모든 진리는 기존 의견의 놀이 안에 갑작스러운 **층위의 변화**(*changement d'échelle*)를 도입한다. 세계의 닫힘으로서의 **일자**라는 것은 세계들의 용접을 통해 훨씬 우월한 통일성에 이른다.

철학자는 민주주의자에게 사유의 층위의 변화로서 나타나는 진리들의 예외를 맞세운다. 의견에는 한계가 있으며, 의견의 자유란 대체로 지배하는 것을, 즉 세계의 법칙을 반복할 권리이다. 오직 진리만이 세계를 초과적 세계(sur-monde)라는 **일자**에 개방하는데, 이 일자는 또한 장차 도래할 세계(monde-à-venir)이지만 그 자체로 이미 **참**(le Vrai)**의 방식**으로 실존한다.

여기서 또한, 의견들에 관한 민주주의적 규범이 한정된 경기장에서의 자유라면, 진리들에 관해 사유하고 철학하는 규범은 무한정한 경기장에서의 평등이라는 점이 드러난다. 실제로 정리(théorème)를 마주할 때와 마찬가지로, 진리를 마주할 때 아무도 진정으로 자유롭지 않다면 이제 그 누구도 배제되지 않는다고 말할 수 있다. 그렇지만 우리는 또한 진리에 관련된 자는 누구나 자유롭지만, 이 새로운 자유는 단 하나의 세계가 아니라 모든 세계와 같은 높이에서 펼쳐진다고 말할 수 있다.

그런 것이 바로, 평범한 민주주의자의 의견과 반대로, 정말로 원칙들이 존재하는 이유이다. 우리는 이후에 이 원칙들 가운데 몇 가지를 언급할 것인데, 그 이유는 그런 원칙들이 형식적인 관점이 아니라 단독적인 진리들에 따르는 경향이 있기 때문이다. 수학의 원칙, 음악의 원칙, 사랑의 원칙, 또는 혁명의 원칙 등이 있다. 철학은 어쨌든 일종의 원칙들의 원칙을 표명한다. 사유하기 위해서는, 언제나 의견의 자유가 아니라 진리의 강제적 예외에서 출발하라.

자기표현으로서의 사유가 아니라 노동으로서의 사유에 관계한다는 의미에서, 이는 작업의 원칙이다. 이 노동은 과정과 생산, 제약과 규율을 추구하며, 세계의 주장에 대한 무기력한 합의를 구하지 않는다.

자기 시대의 진리들을 탐지하고 현시하여 연결하며, 망각된 진리들을 재활성화하고, 타성에 젖은 의견들을 공격한다는 다른 의미에서, 철학자는 한 사람의 노동자 곧 분리된 세계들을 접합하는 용접공이다.

2

출현

진리들이 실존한다 해도 세계의 특정한 법칙들에 예외가 되는 어느 것도 결코 우리가 유물론적 공리에 대한 복종을 면하게 해주지는 않는다. 실존하는 모든 것이 몸들과 언어들로 짜여지기에, 우리는 어떤 정해진 세계 속에서 하나의 진리가 어떻게 몸으로서 실존에 이르게 되는지 사유할 수 있어야 한다. 요컨대 진리가 **출현하는**(*apparaît*) 방식을 말이다.

나는 정교한 플라톤주의자이지, 속류 플라톤주의자가 아니다. 나는 진리들이 그 현세적 생성에 앞서 별도의 '가지적(intelligible) 장소'에 선재한다거나, 그 탄생이 오직 **하늘**로부터 **땅**으로 향하는 하강일 뿐이라고 주장하지 않는다. 분명히 진리가 영원한 이유는 진리가 결코 특정한 시간에 한정되지 않는다는 것이다. 진리는 어떠한 세계에도 심지어 그것이 발생한 세계에도 갇히지 않는데, 어떻게 그런 종류의 제약을 견딜 수 있겠는가? 시간은 언제나 한 세계의 시간이다. 앞에서 말한 그대로, 이는 마르크스 자신에게 혼란을 일으킨 무엇이다. 다시 말해 소포클레스의 비극은, 그가 믿었던 것과 달리, 오래전에 사라진 낡은 세계에 속하는 이상 우리에게 감동을 주지 않는다. 그 비극은 오직 그 비극 자체를 그것이 출현한 세계와 물질적으로 이어주는 어떤 것이 아직 효력을 소진하지 않은 한에서만 우리에게 감동을 준다. 게다가 이는 치밀한 맥락의 복원과 **역사**에 관한 집착 그리고 가치 위계의 상대화를 동반한 예술 작품의 '문화적' 전시가 오늘날 크게 유행함에도 결국 말썽꾼일 뿐인 이유이다. 말하자면 그러한 전시는 **우리의** 시간관념(민주주의적 유물론의 역사적·상대주의적 관념)의 이름으로 진리들의 영원성에 반하여 작동한다. 이러한 전시보다는 예전에 작은 지방 미술관에서 보던 것 같은 무질서하게 수집된 잡동사니나, 혹은 말로가 그의 '상상의 박물관'*에서 구성하는 것 같은 유비의 전복(크메르의 여신에 들어맞는 랭스의 천사** 같은)이 더 나을 것이다. 하지만 진리들의 영원성은 그 출현의 단독성과 양립될 수 있어야 한다. 우리는 신이 영원한 진리들을 창조했다는 데카르트의 단언을 알고 있다. 우리의 역설은 한층 더 근원적이다. 어떠한 신도 없이 세계의 특정한 물질로 창조되지만, 진리들은 그럼에도 영원하다. 그러므로 우리는 다름 아닌 시간 속에서 나타나는 영원성의 출현(apparition)을 합리적으로 표현해야 한다.

• 앙드레 말로가 저술한 책으로, 지역성이나 물질성을 배제하고 오로지 사진으로 된 예술 작품들을 전시하는 박물관을 이야기한다. 여기에서는 바디우가 든 예와 같이 지역적으로나 문화적으로 전혀 관계없는 작품들이 나란히 전시될 수 있다.
•• 파리 노트르담 드 랭스 외벽에 조각된 웃는 천사.

우리는 당연히 출현(apparaître)의 일반 교설로 논의를 시작할 것이다.

『존재와 사건』에서, 그리고 마찬가지로 첫 번째 『철학을 위한 선언』에서, 나는 단독적 사물을 만드는 모든 질적인 술어들이 (혹은 뒷부분에서 우리가 대상이라 명명하게 될 어떤 것이) 벗겨져 오로지 존재만으로 환원될 때, '거기 있음'(il y a)은 순수한 다수성으로 사유될 것이라고 밝힌 바 있다. 나 자신 앞에 나무가 한 그루 있을 때, 만일 내가 우선 그러한 세계 안에서 그 나무의 실제적인 현존(나무를 둘러싼 환경, 지평선, 다른 나무들, 인근의 초원 등)을 빼내고, 다음으로 그것을 나 자신 앞에 나무로 있게 하는 복잡하게 뒤얽힌 결정들(녹색, 뻗어 있는 가지들, 무성한 잎새에 깃드는 빛과 그림자의 유희 등)을 빼내고자 시도한다면, 이 나무는 결국 다른 다수성들로 구성된 무한하게 복합적인 다수성으로 남을 뿐이다. 어떠한 최초의, 혹은 원자적인 통일성도 이러한 구성을 중단시키지 않을 것이다. 나무 자체는 그 질적인 본질을 기초 짓는 나무의 원자들을 갖지 않는다. 결국 우리는 **일자**가 아니라 공백과 마주하게 된다. 이 나무는, 수학을 통해서만 해명되는 형식적 생성에 따를 때, 오로지 공백으로 짜인 특수한 다수성들의 직조물이다. 내가 20년 전에 제시했던 존재론의 주축적 테제는 다음과 같은 것이다. 존재는 공백에서 유래한 다수성이며, 존재로서의 존재에 관한 사유는 수학에 다름 아니다. 혹은 매우 단순하게 말하자면, 존재론은 어원학적으로 존재에 관한 담론으로 사유되지만 역사적으로는 다수성들의 수학으로 실현된다.

그에 따라, 예를 들어 발레리의 시에서와 같이,

너는 허리를 기울이고 있구나, 키 큰 플라타너스여,

스키타이의 청년같이 하얀 네 알몸을 드러내고 있구나.

그러나 풍경의 힘에

너의 순백은 붙잡히고 네 발은 묶여 있구나.

　나무에 관해 문제가 되는 것은 나무로부터 (수학적으로) 그 존재의 순수한 형식으로 사유되는 무엇이 아니라 전혀 다른 것이다. 즉, 세계 내에 나타나는 존재, 혹은 그 출현을 통해 이 세계의 구성요소를 구성하는 그러한 존재인 것이다. 시는 하이데거가 생각하듯 존재의 후견인이 아니며, 오히려 출현의 자원들을 언어에 **노출시키는 것**이다. 그리고 이 출현의 노출은 그 자체로는 아직 출현의 **사유**가 아니며, 우리가 볼 것처럼, 출현의 사유는 오로지 **논리**로 구성된다.

　실제로 어떤 다수성이 있다고 가정하자. 그 다수성이 출현한다는 것은 무엇을 의미하는가? 그 의미는 단지 이 다수성에, 본질적으로 순수한 다수성으로 (혹은, 존재의 원자들이란 없기에, '**일자 없는**' 다수성으로) 결정된 존재로서의 존재 이외에, 이 다수성이 **거기에** 있다는 사실이 더해진다는 것이다. 헤겔이 거기-있음(être-là)의 교설과 순수한 존재의 교설을 연결하는 것은 옳다. 이를테면 하나의 다수(multiple)에 있어서, 어떤 점에서는 국지화되어 있다는 사실, 한 세계에 지정된 그 존재에서 다수적-무차별성(indifférence-multiple)을 본다는 사실은 수학이 사유하는 이 다수-존재(être-multiple)의 역량을 넘어선다. 위상학적 본질을 지닌 일종의 돌발은 다수가 그저 있는 것으로 존재하는 것에 그치지 못하게 하는데, 그 이유는 다수가 나타나는 이상 있는 것은 바로 거기에 있어야 하기 때문이다. 그러나 이러한 '거기-있음'은, 즉 출현하는 것으로서 존재하게 되는 이 존재는 무엇을 의미하는가? 우리에게 어떤 연장(étendue)과 그 연장을 채우고 있는 것을 분리하거나 혹은 어떤 세계와 그 세계를 구성하는 대상들을 분리하는 것은 불가능하다. 존재로서의 존재는 절대적으로 동질적이다. 다시 말해, 그것은 수학적으로 사유할 수 있는 순수한 다수성인 것이다. 세계들을 국지화하는 존재나 대상들에 의해 국지화되는 존재는 없다. 더 이상 존재하는 모든 것의 절대적 장소로서의 **우주**란 없다. **전체적인 다수성**이라는 모티프가 혹은 모든 다수성의 **다수성**이 비정합적이라는 점은 실제 수학적으로 증명되는데, 이는 그러한 전체의 다수성이 사유에 용납될 수 없기에 존재의 원인 역시 될 수 없다는 의미이다(요컨대 존재와 사유가 **동일한 것**이라는 파르메니데스의 말은 옳다).

이 모든 것의 귀결은 거기-있음 혹은 출현이 존재의 형식이 아니라 **관계의 형식들**을 순수한 본질로 삼는다는 것이다. 우리의 플라타너스는, 그 자체로 순수한 존재(다수성)가 옆에 선 플라타너스, 초원, 인근에 있는 붉은 지붕의 집이나 가지 위에 앉은 검은 까마귀 등과 구별되는(différencié) 것으로서 출현한다. 그러나 이 플라타너스는, 또한 '풍경(site)의 힘에 붙잡힌' 것으로 언제나 같다 하더라도, 바람이 불어 이 플라타너스가 허리를 기울이고 마치 사자가 갈기를 휘날리듯 잎사귀를 흔들고, 이에 따라 전체적인 외양을 바꿀 때 그 자신과 구별된다. 따라서 플라타너스가 출현하는 세계는 거기에서 나타나는 각각의 다수성에 대해 그 다수성을 다른 모든 다수성들과 연결하는 차이들과 동일성들의 일반 체계이다.

우리는 관계들의 형식적 이론을 마땅히 '논리'라고 부를 수 있다. 그러므로 출현의 사유는 하나의 논리이다. 우리는 심지어 어떤 사물이 '출현한다'는 말이나 혹은 어떤 사물이 '논리를 통해 구성된다'는 말이 같은 이야기라고 주장할 수 있다. 사물이 출현하는 세계는 거기에 기입되어 있는 모든 다수성들에 관해 펼쳐지는 바로 그러한 논리이다.

이 논리의 기술적인 형식은 다음 장에서 어느 정도 해명될 것이다. 그러나 우리에게 중요한 핵심은, 진리가 나타나는 이상, 진리는 관계의 논리에 관한 규칙들에 따라 다른 몸들의 무한성과 구별되는 관계를 맺는 단독적인 몸이라는 점이다.

하나의 세계에 나타나는 진리의 과정은 필연적으로 논리적 합체의 형식을 취한다.

3

구별

흔한 몸과 진리의 몸 — 혹은 주체화할 수 있는 몸 — 사이의 차이를 사유하고, 이에 따라 진리의 출현과 세계에 속한 대상인 평범한 다수성의 출현 사이의 차이를 사유하기 위해서는, 이 세계의 논리적 동일성을 구성하는 구분의 프로토콜을 분명하게 파악해야 한다. 출현이 차이들과 동일성들의 그물망을 통해 존재론적으로 공백에서 출발하여 규정된 다수들을 포착하는 것이라면, 세계 내적인 단독성은 진리의 과정이 그러하듯이, 차이들을 규제하거나 혹은 보다 일반적으로 볼 때 다수성들 간의 관계들을 규제하는 형식론에 내적인, 순수하게 논리적인 기준들에 따라 규정될 수 있어야 한다.

진리들이 **실존한다**는 진술의 의미를 지배하는 이러한 규정에 이르기 위해서, 한 세계의 상황을 상상해 보자.

이 세계에 공존하는(coexistent) 다수성들은 다양한 크기의 원의 형태로, 그들의 순수한 존재 안에 주어진다고 묘사할 수 있다(이어지는 모든 논의는 이 책의 앞표지 안쪽에 있는 도식 1을 참고한다는 전제로 진행된다). '크기'(taille) 개념은 여기에서 매우 근사적(approximative)이다. 어떤 두 개의 다수성이 있을 때 한 다수성의 원소가 다른 다수성의 원소와 다른 이상 두 다수성은 다르기 때문이다. 그러므로 확실히 두 다수성이 같은 '크기'를, 즉 같은 '수'의 원소를 지니더라도 존재론적으로 다를지도 모른다. 이는 문제가 되는 다수성들이 오직 한 가지 지점에서 다른 것으로, 이를테면 두 다수성이 동일한 원소들을 가질 때, 어떤 원소 α가 하나의 다수성에 귀속되지만 다른 다수성에는 귀속되지 않고, 후자에 귀속되는 어떤 원소 β가 전자에는 귀속되지 않는 것으로 충분하다. 오로지 α가 β와 다르다는 점에서 두 다수성이 완전히 다르다는 결과가 따라온다. 차이의 이러한 국지적 차원 — 또한 외연적이라고도 말해지는 차원 — 은 두 다수 간의 차이를 양적인 문제로 환원될 수 없도록 한다. 요컨대 서로 다른 원들이 서로 다른 다수성들을 재현한다고 가정하자. 나는 **존재론적으로** 다르다고 말하고자 한다. 중요하면서도 미묘한 지점은 존재론적 차이가 출현 안에 있는 차이와 반드시 일치하지는 않는다는 것이다. 마찬가지로 길가에 서 있는 한 그루의 플라타너스는 그 옆에 서 있는 플라타너스와 확실히 다르지만, 바쁘게 지나가는 여행자의 눈에는 모든 플라타너스가 같은 것으로 이루어진 단조로운 이어짐일 뿐이다. 이 나무들은 절대적으로 다르지만 압도적인 유사성(similitude)으로 출현한다. 출현에 있어, 이 나무들은 동일한 모티프를 반복하지만 이 나무들의 다수-존재는 결코 아무것도 반복하지 않는데,

말하자면 모든 차이는 단 하나의 지점에서 증명되더라도 존재론적으로 절대적이기 때문이다. 만일 반대로 세계의 층위를 플라타너스 나무 두 그루 사이로 보이는 초원에 조용히 누워 있는 한 개인의 시야에 고정시켜, 푸른 하늘에 비친 나뭇잎의 무늬나 높은 가지의 비틀림을 자세히 묘사한다면, 플라타너스 나무 두 그루는 명확히 본 모습으로, 즉 본질적으로 다른 모습으로 나타난다. 따라서 존재로서의 존재에 적용되는 것은 거기-있음에도 적용될 가능성이 있으며, 마찬가지로 출현 속에서의 차이의 평가는 이 출현의 존재의 기체를 지배하는 평가와는 아무 관계도 없을 수 있다. '존재'와 '출현'(혹은 실존) 사이의 관계는 우발적이다. 이런 것이 진정한 플라톤주의가 줄곧 단언해 온 바이며, 속류 플라톤주의를 공격할 때 사람들이 믿는 것처럼, 출현이 거짓과 환상의 질서에 속한다는 것을 의미하는 것이 결코 아니다. 존재와 출현의 차이는 바로 (존재론으로서의) 수학과 (현상학으로서의) 논리학을 구분하는 차이이다. 두 분과는 모두 같은 정도로 엄격하며 형식화된 것이다.

어쨌든 도식 1에 관한 해설로 돌아가도록 하자. 원들의 아래에 위치한 평면이 세계의 논리적 틀을 나타낸다고 하자. 이 틀은 우리가 정도(degrés)라고 부르는 특별한 원소들을 '포함한다'. 어떤 다수성에 (하나의 원 안에 두 개의 점으로 재현된) 두 개의 원소가 주어질 때, 두 원소에 평면에서의 어떤 정도가 대응한다. 이는 두 원소의 동일성의 정도이다. 예를 들어, 원들 중 하나가 길가의 플라타너스들로 이루어진 다수라고 가정하자. 길에 단조롭게 연속적으로 늘어선 나무들 가운데 플라타너스 두 그루에 어떤 동일성의 정도가 대응하는데, 이 정도를 p라고 하

자. 그렇다면 플라타너스 두 그루가, 이 세계에 나타나는 이상, 그들은 'p 정도로 동일'하다고 말할 것이다. 그것이 지친 자동차 운전자의 세계와 논리일 때, 이 정도가 상당히 높아질 수도 있음을 우리는 보았다. 즉, 연달아 지나가는 플라타너스들을 보아야 하기에, 운전자는 모든 나무들을 혼동한다. 모든 나무들은 '플라타너스 그리고 또 플라타너스'가 되어버린다. 따라서 이 플라타너스들은, 존재론적으로는 완전히 다를지라도, 매우 강한 정도로 동일하다. 절대적인 존재론적 차이가 세계의 논리에서는 동일성에 준하는 형태로 나타날 수 있는 것이다. 반면 두 플라타너스 나무 사이에 누워서 그 윤곽과 거기에 비치는 빛을 관찰하는 몽상가에게, 두 플라타너스는 명백히 매우 다르며, 그러므로 이 나무 두 그루의 동일성의 정도 p는 매우 약하다. 이 경우에 존재론적 차이는 동일성의 정도가 약한 형태로 나타나며, 따라서 잠재된 존재의 구조와 더 일치한다.

우리는 세계를 구성하는 관계들의 조직에 다수성들을 —유일하게— 기입하는 동일성의 정도가 특정한 규칙을 따른다는 점을 이해하기 시작한다. 예를 들어, 세계 안에 나타나고 그 동일성이 어떤 정도로 측정되는 두 다수성이 '매우 동일하다'거나 혹은 반대로 '매우 다르다'고 말할 수 있기 위해서는 어떤 정도들을 비교할 원칙이 실존할 수 있어야 한다. 실제로 이는 먼저 언급한 두 다수의 동일성을 측정하는 정도 p가 나중에 언급한 두 다수의 동일성을 측정하는 정도에 비해 명백히 '더 크다'는 이야기로 사실상 귀착된다. 급히 지나가는 자동차 운전자의 헤드라이트에 비친 플라타너스 두 그루와 계곡에 누운 잠꾸러기가 관찰한 플라타너스 두 그루에 관해 이런 방식으로 이야기할 수 있다. 앞의 플라타너스 두 그루가 정도 p로 동일하며, 다른 두 그루가 정도 q로 동일하다면, 방금 우리가 설명했듯이 p가 명백히 q보다 우월하다고 말할 수 있어야 한다. 결론을 말하자면, 본질적으로 **정도들의 구조는 서열의 구조이다.**

또한 만일 두 다수가 전적으로 다른 것으로 출현한다면, 그것은 이 둘의 동일성의 정도가 관련된 세계 내에서 실제적으로 전무하다는 것임을 알 수 있다. 그러나 그것에 의미가 있으려면, 당연히 이 전무함(nullité)을 '표시하는' 정도가 실존해야 하고, 따라서 다른 모든 정도들에 비해 더 작은 정도가, 즉 두 다수의 최소 동일성을 규정하는 정도가 실존해야 하며, 이 정도는 관련된 세계의 논리에 비추어 절대적인 차이를 함축하는 것이어야 한다. 우리의 반쯤 잠들어 꿈을 꾸고 있는 잠꾸러기에게 플라타너스 두 그루가 그렇듯이 말이다. 반대로, 만일 두 다수가 존재론적으로 다름에도 불구하도 전적으로 동일한 것으로 출현한다면, 이 다수들의 동일성의 정도는 최대이며 다른 모든 정도들에 비해 더 크다. 이를 위해 어떤 정도가 실존해야 한다. 요컨대 **정도들의 서열 구조는 최댓값과 최솟값을 받아들인다.**

출현 혹은 거기-있음의 논리적 조건들에 관한 세심한 검토가 보여주는 것은 동일성의 정도들이 또한, 여기서는 자세히 설명하지 않았지만, 『세계의 논리』 II부와 III부에서 상세하게 추론되고 분석되고 예시된 두 가지 규칙에 따른다는 점이다. 중요한 것은 두 정도들의 교차(교집합, conjonction)의 실존이며, 또 정도들의 무한집합을 둘러싸는 외피

(enveloppe)의 실존이다. 이 두 가지 규칙은 어떤 세계의 논리를 구성하는 정도들의 공간이 헤이팅 대수(algèbre de Heyting) **의 일반적인

■ 따라서 이 구조는 철학에 있어서만큼이나 집합의 구조에 있어서도 근본적이다. 실제로 이 구조가 출현의 논리에 관해 담당하는 역할은 집합의 공리가 다수성의 존재론에 관해 담당하는 역할과 동일하다. 그러므로 여기에서 그 구조를 제시해 보겠다.(이 책에서 유일하게 형식론으로 빠지는 사례이다.)

a. 우리에게는 정도들의 집합을 나타내는 집합 T 혹은 세계의 초월자가 있다. 우리는 이 집합의 원소들을 일률적으로 '정도'라고 부를 것이다. '정도'는 '초월자 T를 지닌 세계에 출현하는 두 다수들 사이의 동일성의 정도'의 축약이다. 그 정도들은 p, q, r, s, t 등으로 표기한다.

b. 서열의 관계는 고전적으로 ≤로 표기되며, 집합 T에 의거하여 정의된다. 그러한 관계를 상기해 보자면,

 − 추이적 관계: 만일 p≤q 그리고 q≤r이라면, p≤r이다.

 − 재귀적 관계: p≤p

 − 역대칭적 관계: 만일 p≤q 그리고 q≤p라면, p=q이다.

만일 T에 속한 두 정도 p와 q가 관계 ≤에 의해 연결된다면(이는 반드시 그래야 하는 관계는 아니다.), 예를 들어 p≤q에서, 'p는 q보다 열등하거나 q와 동등하다'고 말하거나 혹은 마찬가지로 'q는 p보다 우위에 있거나 p와 동등하다'고 말할 수 있다. 만일 두 정도들이 ≤로 연결되지 않는다면, 이 두 정도들은 비교 불가능하다고 말할 수 있다.

c. T에는 T에 속한 모든 정도에 비해 열등하거나 동등한, μ로 표시되는 희소 정도가 있다. 달리 말해서, T에 속한 모든 p에 대해, μ≤p이다. 또한 M으로 표기되는 최대 정도가 있는데, 이는 T에 속한 모든 정도에 비해 우월하거나 동등하다. 달리 말해서, T에 속한 모든 p에 대해, p≤M인 것이다.

d. ∩로 표기되는 이항연산 교차[교집합]가 있는데, 이는 T에 속한 두 개의 정도들인 p와 q에 적용될 때 p와 q에 대해 동시에 열등한 원소들 중 가장 큰 원소 r=p∩q를 가져온다. 달리 말해서, 첫째로 p∩q≤p 그리고 p∩q≤q이며, 두 번째로, 만일 t≤p 그리고 t≤q라면, t≤p∩q이다.

e. 초월적인 정도들의 심지어 무한한 모든 집합 A(따라서 A ⊆ T)에 대해, A의 외피라 지칭되는 원소 Env(A)가 있는데, 이는 A의 모든 원소에 대해 우월하거나 혹은 동등한 T의 모든 원소들 중 가장 작은 원소이다. 달리 말해서, 한편으로, Env(A)는 A의 원소인 모든 정도들에 대해 우월하거나 또는 동등하며, 다른 한편으로, 만일 p가 A의 원소인 모든 정도들에 대해 우월하거나 또는 동등한 T의 정도라면, Env(A)≤p

구조를 지니도록 하며, 이는 적절하게 영어로 'locale'(장소)이라고 명명된다. 이것이 적절한 명명인 이유는 실제로 여기에서 문제가 되는 것이 모든 존재가 구성되는 다수들의 위치 결정(국지화, localisation), 곧 존재의 '그곳'이기 때문이다.

이처럼 동형(isomorphes)이 아닌 유형으로 이루어진 여러 구조들이 실존한다. 이 다양성은 대수학과 위상학 사이의 긴장 안에서, **연산**(작용, *opérations*)의 이론과 **위치 결정**의 이론 사이의 긴장 안에서 정해지며, 오래전부터 나는 이것이 모든 변증법적 사유의 핵심에 있다고 믿는다.■ 여기에서 이 다양성이 다음과 같은 형식을 취한다고 해보자. 출현을 지배하는 동일성 정도의 구조가 불 대수학(algèbres de Boole)이라는 '고전적' 영역에 속하거나, 혹은 더 명확하게 말해 위상학적 공간에서의 열린 집합(ouverts) 영역에 속한다고 말이다. 첫 번째 경우에, 출현은 동일성 정도의 척도를 통해 배중률(tiers exclu)을 갖춘 통상의 논리에 따르는데, 이는 또한 존재 그 자체에도 그러하며, 주지하다시피 파르메니데스 이래 존재와 비존재 사이의 제3항은 용인되지 않는다.

이다.

f. 교차 ∩라는 (유한한) 연산은 외피의 (무한한) 연산 Env에 대해 분배적이다. 달리 말해서, 원소 p와 T의 부분집합(말하자면 집합 A)의 외피의 교차[교집합]는 p와 A의 원소인 모든 정도들의 교차의 외피와 동등하다. 이는 다음과 같이 기술될 수 있다.

$$[p \cap Env(A)] = Env[(p \cap t)/t \in A]$$

놀랍게도 이런 구조는 출현과 세계들에 관한 완전한 이론의 형식화를 단순한 만큼이나 적절하게 지탱할 수 있다.

■ 대수학과 위상학의 변증법적 대립은 최근 재판이 발행된 나의 책 『주체의 이론』(*Théorie du sujet*, Le Seuil, 1982)의 핵심이다.

두 번째 경우에, 배중률이 없는 직관주의 논리는 일반적으로 거기-있음이 순수한 존재의 법칙에서 벗어나지 않도록 강제한다.

출현의 논리(혹은 정확히 말해서 **논리들**)의 흥미로운 세부사항을 넘어, 여기서 우리에게 중요한 것은 동일성들과 차이들에 대한 단순한 입법으로 그 명백하게 무한한 복잡성이 소진된다는 것이다. 서열(ordre), 최대(maximum)와 최소(minimum), 교차(교집합, conjonction)와 외피(enveloppe)는 존재와 현존재 사이의 간격을 사유하기에 충분하다. 나는 이 규칙들의 체계를 **초월성**(*transcendantal*)이라 부를 것을 제안한 바 있다. 도식 1에서, 모든 국지적● 차이가 동일성의 정도에 따라 연동되는 단면이 바로 세계의 초월성을 재현한다. 칸트가 그것에 대해 직관했고 이어서 후설에 의해 계승된, 초월성이라는 모티프는 본질적으로 논리적 모티프이다. 하지만 초월적 논리가 형식 논리와 대립한다고 말하는 것은 오류이다. 실제로 세계의 논리는 처음부터 끝까지 형식 논리의 몇 가지 변경에서 추출된다.

우리는 하이데거가 형이상학의 운명을 존재(être)와 존재자(étant)의 차이로 사유된 존재론적 차이에 관한 오해를 통해 결정했다는 것을 알고 있다. 존재자를 존재의 '거기'로, 또는 순수한 다수의 세계 내적 위치 결정으로, 혹은 다수-존재의 출현 — 어쨌든 가능한 것 — 으로 풀이한다면, 사람들은 하이데거가 존재론적 차이를 명명하는 것에서 문제가 되는 것은 바로 수학과 논리 사이의 내재적 간격이라고 말할 것이

● 'local'은 위치나 장소와 관련시켜 '위치에 관한'으로 읽을 수도 있다.

다. 그렇다면, 그의 논의를 계속 따라가기 위해, 동일한 이념 아래 수학과 논리를 혼동하는(confond) 모든 사유의 정향을 '형이상학적'이라 부르는 것이 적절하리라 여겨진다. 그런데 이러한 착오(confusion)가 일어나는 두 가지 방식이 있다. 말하자면, 프레게나 러셀 혹은 비트겐슈타인이 그들 고유의 방식으로 하는 것처럼,■ 수학을 논리적 사유에 불과한 것으로 환원하는 방식이나, 또는 많은 근대적 실증주의자들이 하는 것처럼, 논리는 단지 수학의 특화된 분과일 뿐이라고 생각하는 방식이 있는 것이다. 그러므로 사람들은 두 가지 형이상학이 실존한다고 말할 것인데, 첫 번째 형이상학은 존재를 출현에 용해시키며, 두 번째는 출현이 존재와 구별됨을 부정한다. 우리는 첫 번째 종류가 경험주의의 변종들이고, 두 번째 종류가 교조주의의 변종들임을 쉽게 알아차릴 것이다.

철학은 오로지 존재와 거기-있음의 이중적 일관성을, 존재로서의 존재와 출현의 이중적 합리성을, 수학과 논리의 고유한 가치와 분리를 견지함으로써만 존재한다. 도덕주의적 경험주의와 교조주의적 신학이라는 양 극단에는 언제나 위협적인 유령들이 날뛰고 있다. 나는 여기에서 그 유령들의 축귀라는 동시대적 방법론으로 선언을 행한다.

■ 비트겐슈타인에 관해서는 『비트겐슈타인의 반철학』(*L'antiphilosophie de Wittgenstein*)이라는 작은 책을 읽기 바란다. 이 책은 2009년 1월에 내 친구 브누아 카사스가 운영하는 누(Nous) 출판사에서 발간되었다.

_4_

실존

그 시작부터 철학의 근본 문제들 중 하나는 한편으로 존재(아리스토텔레스가 최초로 '존재로서의 존재'로 사유하고자 했던 것)를 그리고 다른 한편으로 엄밀하게 말해 존재의 범주로 환원될 수 없는 실존이라는 범주를 구분하는 문제이다. 심지어 오늘날도 이 차이를 정교화하는 작업이 철학적 구축의 운명을 지배한다 해도 과언은 아니다.

'실존'이라는 말의 의미는 흔히 특수한 존재 유형에 대한 고찰에서 비롯된다. 하이데거가 존재(Sein)와 현존재(Dasein)를 구별할 때 바로 그렇다. 어원학적 관점으로만 본다면, 사람들은 현존재에 속하는 '실존'이 위상학적 개념이라고 말할 것이다. 이 개념은 거기 있음(être là)을, 세계 내 존재를 의미한다. 내가 정의하는 것과 같은 출현의 맥락에서 매우 일반적인 실존 개념을 결정하는 것은 장소를 사유하는 필연성, 모든 사물이 존재하게 되는 세계, 더 정확하게는 모든 사물의 존재가 실존하게 되는 세계를 사유하는 필연성이라는 하이데거의 주장에 동의해야 한다는 점은 명백하다. 분명히 이 장소는 *Sein/Dasein* 또는 **존재/현존재**의 차이를 기초 짓는 존재 그 자체로부터 연역될 수 없다. 하지만 하이데거에게 '현존재'는—그리고 결국 '실존'은—'인간의 현실'을 위한, 사유의 역사적 운명을 위한, 존재 자체의 생성이라는 결정적이며 창조적인 경험을 위한 이름이다. 이와 달리 나는 의식이나 경험 혹은 인간의 현실 같은 것에 조금도 준거하지 않는 현존재와 실존의 개념을 제시할 것이다. 나는 이런 관점에서 알튀세르, 푸코, 라캉의 반(反)인간주의적 계보 안에 있다. '실존'은 인간 동물을 지칭하는 특수한 술어(prédicat)가 아니다.

사르트르의 저작에서, 존재와 실존 사이에 놓인 거리는 존재와 무의 차이에서 오는 변증법적 귀결이다. 사실상 실존은 존재로서의 존재의 전적이고 터무니없는 육중함의 범위 안에서 드러나는 무의 효과인데, 실존이 명명하는 것은 즉자존재(être-en-soi)—외존함(ek-sister) 없이, 자기에서 벗어나지 않고 존재에 소진되는—와 대자존재(être-pour-soi)—존재를 위협하는 즉자를 무화함으로써 자기와 달라지는—사이의 복잡한 관계이다. 대자존재는 그 실존이 본질에 선행하는 절대적으로 자유로운 주체이다. 나 역시 실존의 개념을 부정이나 자기와의 차이와 같은 어떤 것의 조건 아래 결정할 것이다. 존재론적으로, 이는 나에게 공백의 문제, 공집합의 문제이다. 현상학적으로, 이는 논리의 형식(고전적, 직관주의적, 초일관적)*을 취할 수 있고, 이는 세계 내에서 어떤 다수와 그 부정에 관한 동일성의 정도가 측정되는 이상 그 다수의 출현에 적용될 수 있다는 의미에서 부정의 문제이다. 그러나 나는 이러한 연관을 의식적 주체나 심지어 자유와 아무런 관계 없이 직조해 낼 것이다. '실존'은 자유로운 주체나 도덕적 행동에 대한 특수한 술어가 아니다.

앞에서 보았듯, 거기-있음을 사유하기 위해 나는 칸트로부터 무언가를 차용하는데, 이는 어떤 다수성의 출현이 정도 개념, 혹은 다수와 세계 속에 함께 출현하는(co-apparaît) 모든 것 사이의 명시적 관계들을 측정하는 강도(intensité) 개념을 전제한다는 사실이다. 우리는 지각의 선취와 관련된 첫 번째 『비판』의 유명한 문구에서 이 관념을 발견한다. 그러나 나는 또한 헤겔에게서도 무언가를 차용할 것인데, 말하자면 이는 헤겔이 그의 『논리학』의 심오하면서도 난해한 두 장에서 설명하는 것처럼, 실존은 순수한 존재로부터 거기-있음으로 혹은 본질로부터 현상으로, 즉 출현으로 향하는 운동으로 사유되어야 한다는 점이다. 하지만 나는 **존재**(Être)의 역사적 개념, 초월적 의식, 초월적 주체, 절대적

• 고전(classique) 논리, 직관주의(intuitionniste) 논리, 초일관(모순 형용, paraconsistante) 논리는 각각 『존재와 사건』 1권, 2권(『세계의 논리』), 3권(『진리들의 내재성』)의 구성에서 중심적인 수학적 논리 체계이다. 이 세 가지 논리는 동일률, 무모순율, 배중률을 기준으로 구분할 수 있는데, 고전 논리는 셋 다 성립, 직관주의 논리는 직접적인 관계를 통해 논리를 전개하기 위해 간접적인 증명 방식의 원칙인 배중률 배제, 초일관 논리는 모순이 인정된다면 그 이후에 오는 어떤 것이든 참으로 성립한다는 폭발의 논리(principle of explosion, ex falso quodlibet)를 막기 위해 무모순율과 배중률에 대항하는 것으로 특징지어진다. 최근에 번역 출간된 대담집 『철학과 사건』에서, 바디우는 지금까지 나온 책들 및 앞으로 나올 책과 상기한 논리들 간의 관계에 대해 간략히 설명한다.

이념(Idée)의 생성에 의지하지 않고 이러한 다양하고 한정된 충실성(하이데거, 사르트르, 칸트, 헤겔)을 펼쳐내고자 노력할 것이다.

이는 우리의 경로를 간략히 정리할 계기가 될 것이다.

'사물이란 무엇인가?'라는 질문으로 시작해 보자. 이는 하이데거의 잘 알려진 시론의 제목이다.[■] 정확히 존재로서의 존재라는 것 이외에, 어떠한 존재 규정도 없는 '거기 있음'으로서의 사물이란 무엇인가? 우리는 세계의 대상에 관해 말할 수 있고, 이 대상을 세계 내에서 그 속성들 또는 술어들과 구별할 수 있다. 실제로 우리는 이 대상을 동일한 세계 내의 다른 대상과 명백히 동일하지 않도록 만드는 복잡한 그물망처럼 짜인 동일성들과 차이들을 경험할 수 있다. 그러나 사물은 대상이 아니다. 사물은 **아직** 대상이 **아니다**. 로베르트 무질[●]의 훌륭한 소설의 주인공처럼, 사물은 '특성 없는' 어떤 것이다. 우리는 어떤 명확한 세계 내에서 펼쳐질 대상화에 **앞선** 사물을 사유해야 한다.

사물이란 **물 자체**(*das Ding*), 어쩌면 심지어 **근원적 사물**(*das Ur-Ding*)일 것이다. 이를테면 이런 형태의 존재는 분명히 무(néant)의 무

■ '사물'이라는 중요한 개념에 대해서는, 분명히 하이데거의 『사물이란 무엇인가』 (*Qu'est-ce qu'une chose?*, traduction Jean Reboul et Jacques Taminiaux, Gallimard, 1971)라는 텍스트를 읽어야 한다. 그리고 장-뤽 낭시가 쓴 매우 훌륭한 글을 참고할 필요가 있다("Le coeur des choses", *Une pensée finie*, Galilée, 1990)

● 로베르트 무질(Robert Musil, 1880~1942)은 오스트리아의 작가이다. 근대 소설의 가장 중요하고 영향력 있는 작품 중 하나로 간주되는 『특성 없는 남자』(*Der Mann ohne Eigenschaften*)라는 미완성 소설을 남겼다.

차별성(indifférence) 이후에, 그러나 마찬가지로 대상의 질적인 차이에 앞서 위치한다. 그러므로 우리는 '사물' 개념을, 한편으로 무(모든 다수성이 구성되는 공백)의 절대적 우선성과, 다른 한편으로 대상들의 복잡성 사이에서 형식화해야 한다. 사물은 언제나 대상성〔객관성〕의 전(前)객관적(pré-objective) 기초이다. 그것이야말로 사물이 다수성과 다른 그 무엇도 아닌 이유이다. 대상들의 다수성이나 성질들의 체계 혹은 차이들의 그물망이 아니라, 다수성들의 다수성, 다수성들의 다수성들의 다수성 등등인 것이다. 데리다처럼 말하자면, 이런 유형의 '산종'(dissémination)에는 끝이 있는가? 그렇다, 거기에는 정지점(point d'arrêt)이 있다. 그러나 이러한 정지점은 근원적 대상이나 혹은 원자적 구성요소가 아니며, 어떤 **일자**의 형식도 아니다. 필연적으로 이 정지점 또한 하나의 다수성이다. 그것은 어떤 다수성도 갖지 않는 다수성, 또한 무(無, rien)인 사물, 공백(vide), 텅 빈 다수성, 공집합(ensemble vide)이다. 어떤 사물이 무차별과 차이 사이에, 무와 객관성 사이에 있다면, 이는 순수한 다수성이 공백으로 구성되기 때문이다. 있는 그대로의 다수는 차이와 전(前)객관성(pré-objectivité)에 관계된다. 그리고 공백은 무차별성과 대상의 전적인 부재에 관계된다.

19세기 말 칸토어의 업적 이래, 우리는 수학적인 틀로서의 공백에서 출발하며, 이런 유형의 순수 다수성의 구축을 제시하는 것이 완전히 합리적이라는 사실을 알고 있다. 바로 이런 것이 내가 앞에서 언급한 테제의 기원이자 정당화이다. 즉 존재론이 사물 곧 순수한 '어떤 것'의 과학이라면, 우리는 그것을 통해 존재론이란 수학이라는 결론을 내려야 한다. 사물은 집합으로 형식화되는데, 여기에서 이 집합의 원소들은 집합들이며, 모든 구축의 출발점은 공집합이다.

우리의 문제는 이제, 실존으로 향하는 길 위에서, 객관성의 근원을 이해하는 것이다. 세계 내에서, 즉 차이와 동일성과 특성과 강도 등으로 이루어진 매우 복잡한 그물망 안에서 어떻게 순수한 다수성(집합)이 출현할 수 있는가?

궁극적으로 순수한 공백으로 이루어진 집합들의 집합들로서의 다수성들에 관한 이런 종류의 수학적 사유에서 무언가를 연역해 내기는 불가능하다. 만일 특성이 없는 사물의 이론으로서의 존재론이 수학이라면, 현상학은 출현과 객관성의 이론으로서 질적인 차이들 사이의 관계와 동일성들의 문제들에 관련되며, 바로 거기에서 우리는 실존의 문제들을 만난다. 이 모든 것은 출현 또는 거기-있음을 위한 장소의 사유를 요구하는데, 우리가 세계라 부르는 이 장소는 모든 실존의 조건이지만 그 자체로는 실존하지 않는다.

존재로서의 존재에 관한 수학 이후에, 우리는 앞선 장들에서 세계의 논리를 펼쳐내는 일에 착수했다. 집합들의 집합들로 구성된 사물의 논리와 달리, 세계의 논리는 순수하게 외연적(extensionelle)일 수 없다. 이 논리는 다수들이 그저 존재하는 데 그치지 않고, 또한 거기, 세계 안에 출현하기도 하는 장 안에서 강도들의 분배(distribution) 논리여야 한다. 사물의 법칙은 순수한 다수성들(사물들)로서의 존재에 관한 것이지만, 마찬가지로 출현(대상들)으로서의 거기 있음에 관한 것이기도 하다. 첫 번째 지점과 관련한 합리적 과학은 존재론이며, 이는 역사적으로 수학으로서 펼쳐졌다. 두 번째 지점에 관한 합리적 과학은 후설적이라기보다는 헤겔적인 의미에서의 논리현상학이다. 칸트에 반대하여, 우리는 우리가 존재로서의 존재를 인식하고, 또한 사물 그 자체(chose-en-soi)가 세계에 출현하는 방식을 인식한다고 주장해야 한다. 칸트의 명명법을 받아들이자면, 다수성의 수학과 세계의 논리는 우리에게 처음 두 '비판들'의 이름이 될 것이다. 세 번째 비판은 사건, 진리 그리고 주체에 관한 이론이며, 나는 이 책의 5장에서부터 그 전개를 그려낼 것인데, 이는 그 이름에 걸맞은 모든 동시대 철학의 진정한 목적이며, 바로 다음과 같은 질문에 대답하는 것이다. 어떻게 **이념**으로 측정되는 삶을 살 것인가? 이 모든 것에서, 실존은 출현의 논리 곧 두 번째 비판의 일반 범주이며, 주체성에 관한 모든 고려와 독립적으로 실존에 관해 말하는 일이 가능하다. 우리 논의의 현 지점에서, '실존'은 비-주체적인(a-subjectif) 개념으로 남을 것이다.

우리에게 다수 또는 집합으로 형식화될 수 있는 순수한 다수성, 즉 사물이 있다고 가정하자. 우리는 정확히 출현이라는 것, 또는 결정된 세계 안에 있는 이 사물의 거기-있음을 이해하기를 열망한다. 2장과 3장에서 설명된 견해는, 사물(집합)이 세계 안에 위치지어질 때, 이는 집합의 원소들이 그 동일성들의 전적으로 새로운 평가 안에 기입되기 때문이라는 것이다. 예를 들어, x로 표기되는 이 원소는 y로 표기되는 다른 원소와 다소간 동일하다고 말할 수 있게 된다. 고전적인 존재론에는 x는 y와 동일한 원소이거나 또는 x는 결코 y와 동일하지 않다는 오로지 두 가지 가능성만이 있다. 엄격한 동일성 또는 차이가 있는 것이다. 반대로, 다수성들의 거기 있음의 장소인 구체적인 세계 안에서, 우리에게는 매우 다양한 가능성들이 있다. 하나의 사물은 다른 사물과 매우 유사하거나 또는 몇 가지 점에서 유사하지만 다른 몇 가지 점에서 다를 수 있으며, 어느 정도 동일하거나 매우 동일하지만 완전히 동일하지는 않을 수 있다. 따라서 어떤 사물의 모든 원소는 우리가 동일성의 정도라고 부르는 것을 통해 다른 원소들과 관계를 맺을 수 있다. 세계의 근본적인 특징은 이 세계 내에 출현하는 모든 차이들에 대한 이러한 유형의 정도들의 분배이다.

따라서 출현이나 거기 있음의 개념 또는 세계의 개념 자체에는 두 가지 특징이 있다.

첫째로, 정도들의 체계인데, 이 체계는 정도들 간의 비교를 가능케 하는 기초적인 구조를 갖추고 있다. 여기에서 우리는 어떤 사물이 제3의 사물에 비해 어떤 사물과 더 동일한 것은 아닌지 관찰할 수 있게 된다. 이것이야말로 그 정도들이 분명히 형식적인 위계 구조를 갖는 이유이다. 그 정도들은, 어쩌면 확실히 한계지어진 틀 안에서, '더 많이'와 '더 적게'를 상정한다. 이 구조는 구체적인 세계의 무한한 색조에 관한 합리적 배열이다. 나는 동일성의 정도에 관한 이러한 구성을 세계의 **초월성**(*transcendantal*)이라 명명했다는 점을 상기시킨다.

둘째로, 우리에게는 사물들(다수성들)과 동일성의 정도들 간의 관계가 주어진다. 바로 이것이 한 사물에 대한 '세계-내-존재'(être-dans-un-monde)의 의미이다.

이러한 두 가지 결정을 갖출 때, 우리는 사물의 대상-되기(devenir-

66

objet)의 의미를 얻게 되며, 다음으로 사물의 실존의 의미를 얻게 된다.

앞으로 우리가 대상이라고 부를 어떤 것의 구축을, 즉 어떤 다수에 내재적인 동일성과 차이의 평가와 관련된 다수의 구축을 반복해 보자. 세계에 출현하는 어떤 다수에 속한 한 쌍의 원소가 있다고 하자. 이 원소쌍에는 하나의 동일성의 정도가 대응된다. 이 동일성의 정도는 이 세계에 속한 두 원소 간의 동일성에 관해 '더 많이' 또는 '더 적게'를 표시한다. 그런 방식으로, 모든 원소쌍에 세계의 초월성 안에 있는 어떤 정도가 대응할 것이다. 우리는 이 관계를 **동일성 함수**(*fonction d'identité*)라고 부른다. 어떤 다수성들과 세계의 초월성 사이에서 유효한 동일성 함수는 거기-있음 혹은 출현의 논리에서 근본적인 개념이다. 만일 어떤 순수한 다수성이 하나의 사물이라면, 동일성 함수가 수반된 어떤 다수성은 (세계에 속한) 하나의 대상이다.

따라서 객관성의 완전한 논리는 구조적 질서로서의 초월성의 형식에 관한 검토이자, 다수성들과 초월성 사이의 동일성 함수에 관한 검토이다.

형식적으로 초월성에 관한 검토는 구조적 질서의 몇몇 유형들에 관한 연구이며, 이는 기술적 문제이다. 여기에는 수리논리(mathématico-logique)의 형식적 단편들과 근본적인 철학적 직관 사이의 상호작용이 있다. 동일성 함수의 검토에 관해서, 이는 중요한 철학적 문제의 검토로, 다시 말해 사물들과 대상들, 무차별적인 다수성들과 그 다수성들의 구체적인 거기-있음 간의 관계에 대한 연구로 귀착된다. 여기서는 세 가지 논점을 검토하는 것으로 한정한다.

첫째, 질서의 여러 유형들이 있으며, 따라서 세계의 논리적 조직에 관한 여러 가능성들이 있다는 점을 염두에 두는 것이 중요하다. 우리는 단지 존재론적 층위만이 아니라(하나의 다수성 곧 하나의 사물은 하나의 세계에 있으며 다른 세계에는 없다.), 논리적 층위 즉 출현의 층위에서도, 그리고 마찬가지로, 앞으로 보게 될 것처럼, 실존의 층위에서도 다양한 세계들의 무한한 실존을 받아들여야 한다. 동일한 사물들이 있는 두 세계는 서로 완전히 다를 수도 있는데, 그 이유는 두 세계의 초월성이 다르기 때문이다. 이를테면, 동일한 다수성에 속한 원소들 간의 동일성들은 하나의 세계 또는 다른 세계 안에 있는 원소들의 거기-있음의 층위에서 완전히 다를 수 있다는 말이다.

둘째, 앞에서 본 것처럼, 세계 내에는 언제나 출현의 강도에 관한 수많은 한도(limites)가 있다. 두 원소들 간의 동일성의 정도는 두 사례의 한도들 사이에서 변화한다. 말하자면, 두 개의 원소는 '절대적으로' 동일할 수도, 즉 세계의 논리적 틀 안에서 실제적으로 식별 불가능할 수도 있고, 서로 절대적으로 동일하지 않을 수도, 즉 어떠한 공통적인 지점도 갖지 않기에 서로 절대적으로 다를 수도 있다. 이 두 한도들 사이에서, 동일성 함수는 두 원소가 절대적으로 동일하지도 절대적으로 다르지도 않다는 사실을 표현할 수 있다. 이런 관념은 형식화하기 용이하다. 초월적인 질서에는 동일성의 최소 정도와 최대 정도가 있다. 대부분의 경우에는 많은 중간 단계의 정도들이 있다. 하나의 세계 내에 있는 원소쌍에 관해 동일성 함수가 최댓값을 취한다면, 우리는 두 원소가 이 세계 내에서 절대적으로 동일하거나, 혹은 동일한 출현을, 동일한 거기-있음을 갖는다고 말할 것이다. 동일성 함수가 최솟값을 취한다면, 우리는 두 원소가 서로 절대적으로 다르다고 말할 것이며, 동일성 함수가 중간값(valeur intermédiaire)을 취한다면, 우리는 두 원소가 얼마만큼, 즉 그 중간값의 초월적 정도로 표현되는 만큼 동일하다고 말할 것이다.

셋째, 초월성에는 최대와 최소를 포함하는 질서 이외에, 논리를 통해 사유할 수 있는 그리고 우리에게 어떤 대상의 전체적인 결정들에 관해 더 정교하게 말할 수 있도록 하는 구조적 법칙이 있다. 예를 들어, 우리는 단지 몇 개의 원소뿐만 아니라 심지어 무한하기까지 한 세계의 **부분**(부분집합, partie)에 관한 거기-있음의 강도를 검토할 수 있다. 혹은 내가 **출현의 원자들**(atomes d'apparaître)이라 부르는 어떤 대상의 더 작은 부분들에 관한 이론을 전개할 수도 있다. 이러한 이론에는 전적으로 중요한 원칙이 개입하며, 나는 이를 **유물론의 근본적 원칙**이라 부른다. 그 원칙의 진술은 매우 간단하다. '모든 출현의 원자는 실재적(réel)이다.' 이 진술이 나타내는 것은 원자적 층위에서(다시 말해, 출현하는 다수의 유일한 원소가 관건일 때) 출현의 원자는 관련된 다수의 실재적 원소와 동일시될 수 있다는 점이다.(존재론적 의미에서 말하자면, 이 원소는 출현의 원자에 '귀속된다.') 우리는 여기서 존재론과 논리, 곧 존재와 출현 사이의 연관에 관한 가장 심오한 고찰들 속에 있다. 유물론의 원칙을 채택하는 것, 이는 출현의 최소 지점에서, 출현하는 존재로 인한 일종의 '융합'이 있음을 받아들이는 것이다. 출현의 원자는 어떤 의미에서 다수의 실재적 원소에 의해 '규정된다'.

불행히도, 이 원칙의 진술은 간단하지만, 그 귀결들에 관한 형식화와 엄격한 검토는 우리 선언문의 범위를 벗어난다. 그럼에도 기억해야 할 것은 여기에서 모든 진정한 출현의 철학이 원칙의 의미에서 유물론적이라고 선언된다는 점이다. 첫 번째 선언문에서, 나는 철학이 **진리**라는 모티프와 다시 연관되어 '플라톤적 몸짓'을 받아들여야 한다고 썼던 바 있다. 두 번째 선언문은, 전적인 개념적 엄격함의 요구에 따라, 뒷부분에서 **이념**의 유물론으로 밝혀질 플라톤적 유물론이 당면 의제라고 선언한다.

따라서 다수성이 실제로 세계에 나타나거나 혹은 단순히 그 순수한 내재적 구성으로 환원될 수 없을 때, 우리는 다수성에 도래하는 어떤 것에 관한 까다롭고 확장된 이해를 얻게 된다. 출현하는 다수성은 그 원소들, 그 부분들(부분집합들, parties) 그리고 그 원자들 사이의 동일성의 정도들로 이루어진 매우 복잡한 네트워크로 이해되어야 한다. 그것이 바로 『세계의 논리』에서 내가 '원자적 논리'라 명명하는 것이며, 출현의 이론에서 가장 정묘한 부분이다. 여기에서 우리는 연장〔외연〕들의 수학성(mathématicité)뿐만 아니라, 성질들의 논리에 주의를 기울여야 한다. 우리는 순수한 다수-존재 저편에서 '실존적 강도'와 같은 어떤 것을 사유해야 한다.

그러므로 여기에서 우리는 가 닿아야 할 지점에 이른다. 출현 혹은 거기-있음의 초월적 틀 안에서 진행되는 실존을 정의하는 과정은 무엇인가? 나는 즉각 결론을 알려준다. 동일성 함수가 단 하나의 같은 원소에 적용될 때, 실존은 동일성 함수의 값을 나타내는 이름이다. 다시 말해, 실존은 한 사물의 자기 동일성을 나타내는 정도(mesure)이다.

어떤 세계와 이 세계의 초월성 안에서 그 값을 갖는 동일성 함수가 주어질 때, 우리는 이 세계 내에서 출현하는 어떤 다수의 '실존'을 이 다수의 자기 동일성에 할당된 초월적 정도라고 명명한다. 이렇게 정의된 실존은 존재의 범주(수학적)가 아니라 출현의 범주(논리적)이다. 특히, '실존하다'라는 말은 그 자체로 의미가 없다. 사르트르와 메를로퐁티가 이어받은 하이데거의 직관에 따르자면, '실존하기'는 오로지 세계에 관해서만 말해질 수 있을 뿐이다. 실제로 실존은 정해진 세계 내에서 어떤 다수성의 출현의 강도를 표시하는 초월적 정도이며, 이러한 강도는 결코 어떤 경우에도 관련된 다수의 순수한 구성에 의해 규정되지 않는다.

우리는 내가 앞에서 제시했던 형식적 고찰들을 실존에 적용할 수 있다. 예를 들어, 만일 어떤 다수의 자기 동일성의 정도가 최대 정도라면, 이 다수는 세계 내에서 어떠한 제한도 없이 실존한다. 이 세계 내에서 그 다수성은 자기 자신의 동일성을 완전히 긍정한다. 대칭적으로, 만일 이 정도가 최소 정도라면, 이 다수는 이 세계 내에 실존하지 않는다. 그 다수–사물은 세계 내에 있지만, 영(零)에 상당하는 강도로 존재한다. 그것의 실존은 비–실존(*non-existance*)이다. 그 사물은 세계 내에 있지만, 세계 내에서 그 사물의 출현은 그 동일성의 파괴이다. 그러므로 이 존재의 거기-있음은 세계에 속한 비실존자(*inexistant*)가 된다.

대개, 하나의 세계 내에서 다수성의 실존은 최대도 최소도 아니다. 그 다수성은 '어떤 정도로' 실존한다.

발레리의 시에 등장하는 굳건한 플라타너스는 완전하고 의심의 여지 없는 실존으로, 무제한의 실존적 긍정으로 주어진다. 우리는 나무가 세계 내에서 그 자체와 절대적으로 동일한 것으로, 그리고 '풍경의 힘에 […] 〔나무의〕 순백이 붙잡혀' 있기에 더욱 긍정적인(affirmatif) 것으로 '드러난다'고 말할 것이다. 자동차 헤드라이트의 빠르게 지나가는 세계에서, 그저 다른 모든 플라타너스와 거의 동일하게 보이며 나타나자마자 그림자로 사라져 지나갈 뿐인 한 그루 플라타너스는 그 자체와 동일한 정도를 지니기에, 이에 따라 이 나무는 무는 아니라 하더라도 약한 개별적 실존의 정도를 지닌다. 이는 중간적인 실존의 사례이다. 끝으로, 두 나무 사이에 누운 몽상가에게 줄지어 선 다른 나무들의 현존은, 아무리 꿰뚫어 보더라도, 지각되는 무성한 가지들의 비식별적인 토대를 형성하기에, 어쨌든 그 자체에 대한 최소 동일성으로 주어지며, 개별화를, 다시 말해 햇볕이 드는 바닥 위에서 그러한 개별화의 형성이 평가될 수 있는 분할을 결여한다. **한 그루**의 플라타너스는 이처럼 비식별적이고 살랑거리는 줄지어 선 나무들 사이에서는 세계에 속한 하나의 비실존자이다.

비실존자에 관한 이론은 매우 중요하다. 비실존자가 있다는 점은 사실상, 이어지는 장에서 보게 될 것처럼, 어떤 세계의 다수들과 그 다수들에 내재적인 동일성과 차이의 초월적 입법 간의 관계를 국지적으로 전복시키는 어떤 사건이 돌발할 수 있음을 요구한다.

이 이론의 중심에는 하나의 진정한 형이상학적 정리(théorème)가 있다. '정리'라고 말하는 이유는 출현의 논리에 의해 얼마간 형식화된 견해에 입각하여 이를 증명할 수 있기 때문이다. '형이상학적'이라고 말하는 이유는 다수성의 출현과 이 다수성에 속한 어떤 원소의 비(非)출현 (*non-apparition*)을 긴밀하게 연결하는 언표가 문제이기 때문이다. 또한 이 정리는 내가 앞에서 언급한 바 있는 유물론의 근본적 원칙이라는 조건 아래 있으며, 따라서 논변의 결과가 아니라 철학적 선택이라 할 수 있는 사유로의 정향에 의지한다는 점에서 '형이상학적'이다.

이 정리는 매우 간단하게 다음과 같이 진술된다.

어떤 세계 안에 하나의 다수성이 나타날 때, 이 다수성에 속한 어떤 원소는 이 세계의 한 비실존자일 뿐이다.

비실존자에는 존재론적 성격 규정이 없으며, 그것은 공백이라는 다수-존재의 무가 결코 아니라는 점에 주목하자. '비실존하기' (inexester)라는 말은 실존적 성격 규정이며, 따라서 출현에 전적으로 내재적이다. 비실존자는 단지 그 자기 동일성이 어떤 결정된 세계 내에서 최소 정도로 측정되는 어떤 것일 뿐이다.

잘 알려진 큰 규모의 예를 들어보자. 마르크스가 부르주아 혹은 자본주의 사회들에 관해 제시하는 분석에서, 프롤레타리아트는 정치적 다수성들에 고유한 비실존자이다. 프롤레타리아트는 '실존하지 않는 것'이다. 이는 결코 프롤레타리아가 존재하지 않는다는 의미가 아니다. 마르크스는 추호도 프롤레타리아가 존재하지 않는다고 생각하지 않는데, 왜냐하면 오히려 프롤레타리아가 무엇인지 설명하기 위해 많은 자료를 쌓아올릴 것이기 때문이다. 프롤레타리아의 사회 · 경제적 존재는 의심의 대상이 아니다. 줄곧 의심의 대상이 되어왔으며 오늘날 그 어느 때보다 의심받는 것은, 프롤레타리아의 정치적 **실존**이다. 프롤레타리아라는 것은 정치적 현시의 영역에서 전적으로 빠져 있는 무엇이다. 그 다수성이 분석될 수는 있지만, 정치적 세계의 출현을 지배하는 규칙을 받아들인다면 프롤레타리아는 그 세계에 출현하지 않는다. 프롤레타리아는 그 세계에 있지만, 최소 정도의 출현으로, 말하자면 영(零)에 상당하는 출현의 정도로 거기에 있다. 이것이 바로 「인터내셔널가」(L' Internationale)가 노래하는 것이다. '우리는 아무것도 아니다, 모든 것이 되자!'(Nous ne sommes rien, soyons tous) '우리는 아무것도 아니다'라는 말은 무엇을 뜻하는가? '우리는 아무것도 아니다'라고 외치는 자들은 그들의 무(無, néant)를 단언하고 있는 것이 아니다. 그들은 오로지, 정치적으로 출현하는 것이 관건일 때, 그들 자신이 있는 그대로의 세계 내에서 아무것도 아님을 단언하는 것이다. 그들의 정치적인 출현이라는 관점에서, 그들은 아무것도 아니다. 그리고 '모든 것'이 된다는 것은 세계의 변화를, 다시 말해 초월성의 변화를 가정한다. 실존에 대한 할당이, 세계 안의 다수성의 비-출현 지점인 비실존자가, 차례로 변화하기 위해서는 먼저 초월성이 변화해야 한다.

마찬가지로, 이탈리아 대수학자들이 '허수'(nombres imaginaires)의 정규적인 처리 방식을 발명하기 전까지, 음의 실수의 제곱근은 '실수의 계산'이라는 세계의 초월적 입법에 의해 금지되기에 자기 동일성의 정도가 영(零)에 할당된다. 이 세계에서 그러한 제곱근은 개념적 비실존자이다. 여기서도, 실존의 초월적 규제가 국지적으로 변화하기에 이르러야 하기 때문에, 'i'라는 기호를 -1의 제곱근의 실존을 나타내는 표시로 쓸 수 있기 위해서는, 계산의 세계 내에 변동(mutation)이 필요하다.

출현 혹은 거기 있음에 이르는 모든 다수에 관한 실존의 증명과 비실존자의 유일성(unicité)의 증명은 이 책의 범위를 벗어난다. 나는 그러한 증명이 유물론의 공리에, 즉 모든 원자는 실재적이라는 공리에 달려 있다는 사실을 역설한다. 어쩌면 이러한 의존에서 다음과 같은 변증법적 언표를 발견해야 할 것이다. 만일 세계가 **일자**의 층위 또는 원자적 층위에서 '출현=존재'라는 유형의 유물론적 규정에 의해 정해진다면, 거기에는 **비실존**(*inexistence*)으로 부과된 원소의 형식을 취하는 부정이 있다. 이 지점에서 존재와 실존 간의 간격이 밝혀지며, 동시에 이 간격이 유일성의 조항에 따라 이 간격에서 영향을 받는 다수의 출현이 갖는 힘을 집중시킨다는 점이 밝혀진다. 이는 세계의 다수와 이 다수를 엄습하며 그 자체에 내재하는 사건적 귀결의 힘 사이에 놓인 비실존자에 집중된 연관을 해명한다.(그 연관의 풍부함에 관해서는 곧 살펴볼 것이다.)

이런 관점에서, 내가 제시하는 진리들의 교설은 정당하게 **유물론적 변증법**을 표방할 수 있다.

4-1

철학의 실존

모든 실존이 어떤 항목의 자기 동일성에 관한 초월적 평가라는 난관을 벗어난다면, 우리는 철학의 실존을 무엇이라 말할 수 있는가? 그리고 무엇을 통해 20년 전의 철학의 실존(나의 첫 번째 선언의 시기)과 오늘날 그것에 대해 말할 수 있는 것(두 번째 선언)을 구별하는가?

　확실히 1989년에도 역시 철학이 쌓아올려지는 데 기초가 되었던 초월성은 지성적 세계 내에서 모든 실존을 규격화하는(normait) 의심의 일반 논리에 의해 표명되고 있었다. 이를테면 이미 50/60년대부터, 계승된 분과학들의 실존의 정도—특히 당시 **대학**(Université)이 제시하고 있었던, 철학을 포함하는 분과들의 실존 정도—는 기존 질서에 관해 그저 취약한(inconsistantes) 유효성을 지닐 뿐이라는 의심을 받았기에, 거의 무라고 선언되었다. 정신분석의 계보에서, 라캉은 철학적 체계화와 편집증(paranoïa)의 근접성을 간파해 낸 바 있다. 그는 철학의

담론을 언제나 **주인**(Maître)의 입장의 불안정한 오만과 **대학**의 되풀이
되는 연약함 사이에서 분배되는 것으로 기술했다. 라캉은 '진리에 대한
사랑'이라는 표현을 신경증적(névrotique) 의미 외에 다른 모든 의미를
잃어버린 것으로 격하시킨다. 그는 형이상학이 '정치의 구멍을 막는'
데 복무할 뿐이라고 비난한다. 마르크스주의 혁명 정치의 현대적 변종
들은 그 자체로 철학을 정치에 심각하게 종속시켰다. 알튀세르 자신은
유물론과 관념론 간의 대립이라는 거의 무시간적인 몸짓으로 환원된
철학을 '이론에서의 계급 투쟁'이라고 정의한다. 분석적 사조는, 20세
기 초에 비트겐슈타인이 뛰어난 기교를 동원하여 그랬던 것처럼, 철학
을 '의미 없는' 명제들의 집합이라고 비난한다. 이 사조는 무엇보다 사
유가 형식 논리에서 모델을 찾게 되는 문장들의 구문론적 통제를 필요
로 하고, 또한 감각적 명증성이나 행동의 요청으로 회부하는—한편으
로는 경험론, 다른 한편으로는 실용주의—의미론적 감시를 필요로 한
다는 점을 밝히고자 했다. 마지막으로, 니체에 관한 작위적인 해석에
서 하이데거는 형이상학의 종말, 존재 망각에 대한 기술적 실현과 더불
어, 시인들의 말하기와 함께하는 대화를 통해 모든 철학 저편에서 사상
가의 형상을 복원할 기원을 향한 회귀의 예측 불가능한 필연성을 선언
했다. 2차 세계대전 이후 프랑스에서의 하이데거 해석은 자유로운 실
존과 혁명적 실천에서(사르트르), 또한 시적이고 연극적인 위대한 발언
에서(보프레, 샤르, 그리고 라쿠-라바르트) 그리고 언어나 경험의 감각적
분배를 통한 해체 작업에서(데리다와 낭시) 사유를 추출함으로써 이러
한 평결을 가중시켰다.

놀라운 것은 이 모든 배치들이, 철학에 반하여, 진리유형들의 자원을 전부 동원한다는 점이다. 이를테면 정신분석의 전통에서 사랑과 욕망과 충동, 마르크스주의의 전통에서 정치, 분석의 전통에서 과학, 니체의 전통에서 예술.

그래서 초월성은 30년 또는 40년 전에 철학의 실존이 없음을 단언하게 했던 것의 이름 아래 기술될 수 있다. 그것은 실존들을 직접적으로 창조 과정들의 층위 혹은 진리 과정들의 층위에서 평가하여, 철학이 과학도 정치도 예술도 실존적 열정도 아니라는 것을 통해, 이미 죽은 것은 아닐지언정 사라질 것으로 선고되었다는 결론을 내렸다. 사실상 혁명과 광적인 사랑, 수학적 논리와 현대 시라는, 20세기에 거의 최대의 예외적인 실존의 강도를 갖춘 다수성들은 철학적 전통과 그 지속 사이에 놓인다. 그것이야말로 철학의 자기 동일성이, 시간적으로 거의 무에 가깝게 되기에, 비실존으로 표시될 수 있는 이유이다.

나의 첫 번째 선언문은 이러한 평결에 반대하여 진리들을 철학의 조건들로 배치하고, 철학을 그 조건들 중 하나와 뒤섞으려는 모든 의지를 '봉합'이라는 이름으로 기각하며, **진리**(Verité)의 범주와 그것에 이어지는 정밀한 가공들과 실제적인 운명을 철학적 작업의 핵심으로 삼으면서 수립되었다. 그 조건들의 초월적 분리를 통해 그 비실존에서 회복되고 하나의 고유한 활동으로 되돌려질 때, 철학은 계속될 수 있다. 철학의 종말이라는 문제틀을 나는 '한 걸음 더'라는 모토로 교체할 것을 제안했다. 혹은 베케트의 『이름 붙일 수 없는 자』(*L'Innommable*)에 나오는 '계속해야 한다'라는 모토로 말이다.

그렇다면 두 번째 선언문의 어찌 보면 실존적인 필요성을 서술할 수 있다. 즉, 20년 전에 철학의 실존이 최소라고 선언되었다면, 오늘날 역시 철학은 위협에 처해 있다고 주장할 수 있겠는데, 이는 철학에 초과적인 작위적 실존이 주어진다는 정반대의 이유로 그러하다. 특히 프랑스에서 '철학'은 어디에나 있다. 철학은 여러 미디어의 협객들에게 사회적인 근거로 쓰인다. 철학은 카페와 헬스클럽에 활기를 불어넣는다. 철학을 가르치는 잡지들과 수행자(스승)들(gourous)이 있다. 철학은 윤리와 법과 의무를 말하기 위해 은행과 주요 국가위원회에 이르기까지 보편적으로 소환된다.

  이러한 격변의 존재 이유는 철학이 아니라 그 사회적 대용품인 도덕과 관련한 초월성의 변화이다. '신철학자들'의 출현과 사회주의 국가의 몰락 이래, 실제로 '철학'은 가장 기초적인 도덕적 설교 이상의 자격을 더 이상 얻지 못한다. 모든 상황은 행위자들의 도덕적 처신의 잣대로 판단되며, 사망자의 수는 정치적 시도를 평가하는 유일한 기준이 되며, 악당에 맞선 투쟁은 내세울 수 있는 유일한 '선'이 된다. 요컨대 '철학'은 우리 서구가 피로 물든 원정에 나서 도처에서 그 방어할 수 없는 '민주주의'를 방어한다는 미명 하에 부시가 '악의 제국' ─사회주의의 잔해들과 종교─파시즘적 소집단들의 막연한 혼합─에 맞선 투쟁이라 명명하는 어떤 것의 상품 설명서로 호출된다. 이를테면 '민주주의적' 도그마의 이름으로, 여성이나 형벌 혹은 자연 보호와 관련되는 우리 사회의 다양한 관습과 인권이라는 뻔한 소리를, 서구의 도덕적 우월성이라는 전형적인 양키들의 주장을 최소한의 비판도 없이 채택해야

만 '철학자'로 실존할 수 있는 것이다. 그렇다면 우리는 그 격변을 다음과 같이 정식화할 수 있을 것이다. 20년 전에 철학이 진리의 조건들과의 치명적인 봉합들로 궁지에 몰려 비실존으로 질식당했다면, 오늘날 철학은 보수적인 도덕에 얽매여 공허한 과잉실존(surexistence)에 의해 더럽혀지고 있다(prostituée)고 말이다. 그러므로 중요한 것은 철학을 그 조건들로부터 탈봉합(dé-suturer)하고자 하는 작업들을 통해 철학의 실존을 다시 단언하는 것이 더 이상 아니라, 마침내 철학을 그 도덕적 모조품과 구별하기 위해 **철학이 출현의 세계 내에 제 모습을 드러내는** 그 본질을 정돈하는 것이다. 내가 이미 지적한 것처럼, 이 모조품은 영혼의 필수 불가결한 보충물을 제공함으로써 조잡한 실증주의(신경과학, 인지주의 등)의 확장을 배가하기에 더욱 지독하다.

요컨대 오늘날 중요한 것은 철학을 탈도덕화(dé-moraliser)하는 일이다. 이는 철학을 다시 한 번 협잡꾼들과 소피스트들의 판결에 노출시키는 위험을 감수하는 것으로 귀착되는데, 그 판결이란 소크라테스라는 사람이 경험했던 그대로 '당신은 젊은이를 타락시킨다'는 가장 심각한 비방으로 요약된다. 최근에 한 미국 비평가가 명망 높은 뉴욕 잡지에 실은 글에서 나타나는 공격은, 오로지 도덕의 부흥만을 목표로 한다는 점을 감안할 때, 전적으로 빈약한 개념적 수준에 머물러 있다고 할수 있다. 이 고발자의 말에 따르면, 젊은 학생들과 과문한 선생들을 대할 때, 슬라보예 지젝이나 나 같은 철학자들이 *reckless*(무모)하다는, 번역하자면 '신중함을 결여하고 있다'는 것이다. 이는 고대로부터 우리 시대에 이르기까지 최악의 보수주의자들이 내세우는 전통적인 주제이다. 말하자면 젊은이들은 '나쁜 스승들'과 만날 경우 매우 심각한 위험을 무릅쓰게 되는데, 이 스승들은 그들로 하여금 모든 진지하고 명예로운 것에서, 즉 경력, 도덕, 가족, 질서, 서구, 재산, 법률, 민주주의, 자본주의에 등을 돌리게 한다는 것이다. **무모해지지** 않으려면, 개념적 창안을 이 사람들이 원하는 철학의 '자연적' 명증성에 엄격하게 종속시키는 것으로 시작해야 한다. 즉, 무기력한 도덕이나 라캉이 그의 생경한 언어로 '선의 봉사'*라 부르는 것에 말이다.

오늘날 철학을 보수적인 동시에 공격적인 형상 속으로 사라지도록 위협하는 실존의 과잉에 비추어, 우리는 철학을 그 본질 가까이로 되돌리는 철학의 실존에 관한 초월적 평가를 떠맡을 것이다. 본래 철학은 그것이 진정으로 출현할 때 **무모**하거나 아무것도 아니다. 지배적인 의견을 불안정하게 만드는 힘, 그것이 젊은이들을 새로운 진리의 지속적인 창조가 결정되는 몇몇 지점으로 소환한다. 이것이 바로 오늘날 철학의 선언이 출현의 형식들을 진리들의 영원함으로 인도하는 전형적으로 플라톤주의적인 운동을 다루는 이유이다. 철학은 이 험난한 과정에 전적으로 연루된다.

우리가 사는 세계에서 도덕과 법이, 지배적인 사회들과 그 야만적인 경제 그리고, 마르크스의 표현에 따르면, 그 어느 때보다 더 단지 '자본의 대리인'일 뿐인 국가들이 세계에 부과한 터무니없는 불평등의 폭력의 지배 아래 놓여 있는 ─ 그리고 놓여 있을 수밖에 없는 ─ 이상, 철

---

* 'le service des biens', 이 말은 '재화의 봉사' 혹은 '소용'으로 읽을 수도 있다.

학은 모든 도덕과 모든 법에 대해 고유한 비실존으로 나타날 것이다. 혹은 보다 정확히 말해서, 철학은 모든 윤리와 모든 법에 대해 비실존의 지위에서 벗어날 때 우리 세계 내에 출현한다. 즉, 철학은, 그것을 편재하는 만큼이나 예속적인 '철학들'의 공허함에 빠뜨리는 평결을 뒤집어, 보편적인 진리들의 활동을 조명하는 무언가의 최대 실존을 획득할 때 출현하는 것이다. 이러한 조명은 철학을 인간의 형상과 '인권들' 너머로, 모든 도덕주의(moralisme) 너머로 이끈다.

그리고 이러한 조건들 아래에서, 일부 젊은이들이 실제로 진정 철학적인 돌발을 알아보는 것은 거의 불가능하다. 그들을 영속적으로 타락하는 것의 무조건적인 지속에 연결시키지 못한다면 말이다. 소크라테스는 영원히 심판받게 되는 것이다.•

• 이 문단에서 "이러한 조건들"이란 "인권"을 강조하는 사회적 경향과 "도덕주의"를 지칭한다. "영속적으로 타락하는 것"이라는 표현은 소크라테스가 목표했던 "젊은이의 타락"과 연결해 읽어야 하며, 이는 상태 혹은 국가의 관점에서 "타락한 것"인 사건 이후의 진리를 의미한다. 말하자면, 젊은이들이 상태 혹은 국가의 손아귀를 벗어나 그 바깥에 위치한 사건적 진리와의 연결을 이뤄내지 못할 경우, 소크라테스는 영원한 심판을 받게 되는 셈이다.

_5

변동

이제 우리는 진리가 세계 내에 완전히 실존할 경우 거기에서 자기 동일성의 최대 정도로 결정된다는 점을, 혹은 어떤 경우에도 이러한 실존적 속성을 지닌 다수를 둘러싸고 조직된다는 점을 알게 되었다. 그러나 이 조건은 구조적인 조건이다. 다시 말해 세계 내에 온전하게 실존하는 모든 몸은 이러한 조건을 충족한다. 아직 우리는, 진리에 관해서, 이를 보편적으로 또는 이 세계, 저 세계에서 유효할 정도로 출현의 법칙에 예외가 되는 어떤 것으로 식별하는 데 이르지는 못했다.

불가피하게 생각해야 할 것은 **세계의 법칙에 예외가 되는 모든 것이 그러한 법칙 자체의 국지적 변용에서 귀결된다**는 점이다. 혹은 막연하지만 더 강하게 말하자면, 법칙에 대한 모든 예외는 예외적 법칙의 결과이다. 달리 말하자면, 우리는 진리가 출현의 초월적 규정들에서 벗어나는 몸이 아니라, 이 규정들의 국지적 변용(modification)의 결과라고 가정

5 변동 89

해야 한다.

문제가 되는 것을 제대로 이해하기 위해 무엇이 적법한 변화 혹은 출현의 법칙에 내적인 변화인지 정의하도록 하자. 예를 들어, 한 그루 플라타너스가 바이러스성 질병으로 인해 잎사귀를 잃고 시들어버린다면, 이 나무와 세계의 관계로 이루어진 체계 ─ 예를 들어, 이 나무가 옆에 있는 작은 나무들이 만드는 그림자보다 짙게 드리우는 그림자 ─ 가 변용될지도 모른다. 이 나무가 매우 우월한 규모로 펼쳐진 나뭇가지를 보였기에, 이전에는 이 나무의 그늘과 그 주변의 작은 나무들의 그늘 사이에 놓인 동일성의 정도가 약했지만, 이제 마치 큰 나무가 작은 나무의 대열에 삼켜지기라도 하는 듯, 그 정도는 증가하고 심지어 최대 정도로 향한다. 이러한 변용은 단지 초월적 배치를 대상으로 할 뿐만 아니라 초월적 배치를 전제하기도 한다. 여러 정도들 간의 관계의 안정성에 비추어 그리고 세계 내에 출현하는 다수들 간의 연관의 타당성에 비추어, 우리는 이 나무가 바로 지나간 과거 시점에 비해 쇠락했다고 말할 수 있다. 이 변화는 법칙에 여전히 내재적이다. 이는 세계의 논리적 배치에 내적인 단순한 **변용**(*modification*)이며, 스피노자에게 있어 '양태'가 실존하는 유일한 힘의 효과들에 있어 내재적이며 필연적인 굴절(inflexion)인 것, **실체**(Substance)의 굴절인 것과 어느 정도 비슷하다 할 수 있다.

더구나 우리는 초월적인 것 자체의 갑작스런 변화 역시 가정하지 않을 것이다. 실제로 초월성은 정확히 말해서 **실존하지 않는다**. 그것은 모든 실존의 척도지만, 그 자체로 현시되어서는 안 된다. 스피노자에게 그런 것과 어느 정도 비슷하게, **실체**는 오로지 그 효과들의 내부적인 생산으로만, 특히 그 속성들의 무한한 다수성으로만 실존하고, 그래서 우리는 또한 **실체**만이 유일하게 실존한다고 말하거나 속성들과 양태들만이 유일하게 실존한다고 말할 수 있다. 두 번째 가설은 **실체**가 실존하지 않는다는 것으로 귀착된다. 이런 점은 다수들이 세계를 '구성'하도록 하는 동일성과 차이의 관계들의 장소인 초월적인 것에 있어서도 마찬가지이다. 어쨌든 실존하지 않는 것은 변화할 수 없다.

그러므로 출현하는 것 안에서 (혹은, 일어나는 것(ce qui arrive) 안에서—이는 같은 것인데, 존재, 그것은 **일어나지 않으며** 단지 존재할 뿐이기 때문이다.) 예외의 사유를 열어내려면, 결국 **어떤 한 다수성과 초월성 사이의 관계** 안에서 그러한 사유를 위치지어야 한다. 어떤 다수성이 언급되는 것은 일어나는 것이 언제나 국지적(local)이기 때문이다. 즉, 전체적인(globale) 예외라는 발상은 의미를 결여하는데, 실제로 모든 것이 변화한다면 무엇이 예외가 될 수 있겠는가? 또한 어떤 한 다수성과 초월적인 것의 **관계**가 언급되는 것은, 바로 그것이 출현 자체의 가능성들을 부인하기 때문이다. 그러나 어떤 고정된 다수와 초월적인 것 사이의 관계는 정확히 이 다수의 출현이며, 이 다수에 속한 모든 원소들 사이의 동일성과 차이에 관한 내재적 관계들을 평가한다. 세계의 변화 없이, 이러한 관계 자체는 원칙적으로 변화할 수 있는 것으로 보이지 않는다.

그러므로 진정한 변화인 변동(mutation)은 초월적인 것의 전체적인 변화도, 초월적인 정도들에 따라 어떤 다수의 원소들을 차등적으로 평가하는 양태의 변화도 아니라는 점을 어쩔 수 없이 인정해야 한다. 유일한 가능성은 어떤 다수가 어떤 점에서는 보충적인 방식으로 출현의 영역 안에 들어가는 것이다.

그러나 어떻게 세계 안에 **이미 거기 있는** 다수가, 따라서 출현의 영역에서 내재적인 자원에 대해 이미 평가된 다수가 초월적 규칙들의 작용을 **보충할** 수 있는가? 그렇지 않다면, 우리는 어떤 다수가 출현의 운석과 같이 바깥에서 세계에 더해진다고 상상해야 하는가? 왜 다른 것이 아니라 그것인가? 그것은 전적으로 기적적인 것처럼 보인다. 우리는 오히려 다음과 같이 합리적으로 가정해야 한다.

1. 변동을 위치짓는 다수는 이미 거기 그 다수가 출현하는 세계 내에 있다.

2. 관련된 세계의 초월적인 것은 그 세계의 내부적 규칙들을 통해 변경되지 않는다.

3. 관련된 다수에 의한 보충은 초월적인 것의 연관과 어떤 관계를 유지하며, 그렇지 않을 경우 그러한 보충은 유동적이거나 혹은 앞의 1번 조건에서 가정되는 그러한 다수의 출현과 관련하여 송두리째 없어질 것이다.

우리에게 남은 유일한 결과는 어떤 다수가 그 자체로 그것에 속한 원소들의 비교를 허가하는 동일성들의 척도 아래 떨어지게 될 때 출현 안에 국지적인 변동이 일어난다고 상정하는 것이다. 혹은 출현을 떠받치는 존재의 지지대가 국지적으로 출현하게 될 때 그러한 변동이 일어난다고 말이다.

보통 어떤 다수의 세계 안으로의 기입은 이 다수에 속한 모든 원소 쌍들에 동일성의 정도를 할당함으로써 이루어진다(도식 1 참고). 하지만 근본적인 존재론적 법칙은 모든 다수에 그 자신의 원소가 되는 것을 금지한다(『존재와 사건』, 숙고 18에서 해설됨*). 따라서 어떤 주어진 다수에 대한 동일성과 차이의 초월적 평가는 이 다수 **자체**를 고려하지 않은 채 이 다수의 내재성 안에서 이루어진다. 플라타너스의 원소들(이러저러한 나뭇잎이나 가지 또는 뿌리 등) 간의 동일성의 정도들에 관한 측정은 원소 하나하나에 대해 이루어지지만, 플라타너스 자체는 포함하지 않는다. 세계 내에 플라타너스를 기입하는 방식에 내적인 측면에서, 이를테면 플라타너스와 그 껍질 조각 간의 동일성의 정도에 관한 고정은 없다. 물론 그러한 동일성의 정도는 세계 내에서 어떤 다수의 출현의 일부가 될 수 있지만, 이 다수는 플라타너스가 아닐 것이며 마찬가지로 그 껍질

• 『존재와 사건』 숙고 18의 제목은 '존재에 의한 사건의 금지'이며, 이 숙고는 주로 고전적 집합론의 공리체계를 구성하는 공리들 중 하나인 토대 공리(axiome de fondation)에 관해 논한다. 이 공리는 집합론에 따른 수 체계의 정립을 시도했던 수학자들이 하나의 집합 또는 상황으로서의 수 체계의 안정성을 위해 정한 것이다. 수들로 이루어진 수열의 후계에서 어떤 시작점 또는 토대가 없다면, 이 수열에서 수의 후계는 무한히 퇴행할 것이다. 이를 막기 위해 절대적으로 하나의 항을 다른 항에 의해 토대짓는(혹은 정초하는) 규칙이 필요한데, 이를 간단히 말하자면 어떤 상황 내에서 x와 y라는 두 항이 주어지고 x가 y를 귀속시키지만 x와 y의 교차[교집합]가 공집합인 y가 있을 때 x는 y에 의해 토대지어진다고 정하는 것이다.(여기에서 당연히 x는 y가 아니며, 이는 자기귀속 금지에 상당한다.) 바디우는 여기에서 토대 공리의 위배를 두고 자연적 상황과 역사적 상황을 구별한다. 자연적 상황은 공집합 혹은 공백을 토대적인 혹은 시원적인 원소로 삼으며, 여기에서 상황은 어떤 안정성을 갖춘 유한한 것이 된다. 이에 반해 역사적 상황은 토대 공리의 자기귀속 금지 조항을 깨고 자기 자신에서 토대를 찾는 어떤 다수(사건의 가장자리 또는 사건의 자리)를 갖는다. 숙고 17에서도 논해지듯이, 사건은 자기귀속성(재귀성)을 가지며(사건의 수학소는 ex = {x∈X, ex}), 자기귀속 금지를 위배함으로써 상황을 무한으로 개방한다.

조각도 아닐 것이다. 즉, 이 다수는 전자와 후자를 모두 원소로 포함해야 한다.

그러므로 만일 어떤 다수가 이 다수의 출현을 구성하는 관계들의 그 물망을 내재적으로 평가하는 프로토콜 아래로 들어간다면, 다수-존재를 출현에 이르게 하는 존재론과 논리의 복합체를 명백하게 위반하게 된다. 그럼에도 이 위반은 보충적인 다수도, 초월적인 것의 변용도, 그러한 다수와 출현 안으로의 그 다수의 새로운 '진입' 사이의 연관이 갖는 임의적 무차별성도 가정하지 않는데, 이는 바로 **그 다수의 출현 법칙에 따라 그 다수가 셈해지게 되기** 때문이다. 따라서 우리는 위에서 연역한 세 가지 조건을 준수한다.

우리는 새로운 방식으로 출현하게 되는 다수를 '자리'(site)라 지칭할 것인데, 여기서 다수는 자기 자신의 출현을 하나하나 규정하는 동일성의 정도들의 일반적인 척도 아래로 들어간다. **하나의 자리는 그 자신을 출현하게 한다(그 자신이 출현하게 된다)**고 말해두자.

이것이 바로 출현 안에서의 변동에 관한 형식적 원칙이다. 엄정한 분석은 세 가지 유형의 변동이 있음을 보여준다. 먼저, 어떤 다수가 그 자신의 초월적 연결 안으로 들어갈 때 그 다수의 정도인 실존의 정도에 따른다. 만일 이 정도가 최대가 아니라면, 변동은 하나의 **사실**(*fait*)이라고 말할 수 있다. 사실, 국지적인 이상(異常)을 출현의 관계들의 분배에 연루시키는 사실은 앞에서 우리가 이야기했던 정규적인 변화 혹은 '스피노자식의' 변용(modification) 이상의 것이다. 그러나 사실은 그 일반적인 형식 속에서 출현에 충분히 내적인 것으로 남는다. 다음으로, 실존값이 최대인 자리들 사이의 경계 구분은 그 귀결들로부터, 따라서 역량으로부터, 국지적인 변동으로부터 일어난다. 우리는 4장에서 모든 다수가 단 하나의 유일한 비실존적 원소를 보유한다는 점을 보았다. 이 비실존적 원소가 불변항으로 유지되거나 혹은 변동의 효과 아래 최댓값에 못 미치는 실존만을 가진다면, 우리는 이 변동을 **약한 단독성**(*singularité faible*)으로 규정할 것이다. 이 비실존이 최대의 실존값을 얻는다면, 우리는 이 변동을 **사건**(*événement*)이라 말할 것이다.

사건은 자리(site)인데(어떤 다수가 그 원소들을 출현하게 하는 법칙 아래로 들어간다.), 그 자리는 사실에 대해 초과적이고(그 자리의 실존값이 최대이기에) 마찬가지로 약한 단독성에 대해서도 초과적이다(비실존 또한 최댓값으로 실존하게 되기에).

우리는 사건의 특징에 철저히 주목할 것이다. 즉, 재귀성(réflexivité, 자리는 적어도 한순간 그 자신에 귀속되며, 이에 따라 그 다수–존재는 '직접'(en personne) 그 출현의 표면에 이르게 된다.), 강도(자리는 최대로 실존한다.), 그리고 역량(자리의 효과는, 「인터내셔널가」가 '우리는 아무것도 아니다. 모든 것이 되자'라고 노래하는 것처럼, 최솟값 또는 영(零, nulle)에서 최댓값까지, 비실존의 완전한 대체로까지 확대된다.)이라는 특징에 말이다.

물론 우리는 사건의 예를 제시함에 있어 경험적인 플라타너스들로 만족할 수 없다. 나는 『세계의 논리』에서 많은 수의 예를 제시하고 이를 상세하게 논했던 바 있다. 이를테면, 정치에서 스파르타쿠스의 지도 아래 일어난 노예들의 봉기나 파리 코뮌의 첫날, 예술에서 쇼베 동굴의 예술가들이 그린 말들의 그림이나 브라질리아의 건축, 사랑에서 루소

의 소설『신(新) 엘로이즈』(*Nouvelle Héloïse*)에 등장하는 쥘리와 생프
뢰나 베를리오즈의 오페라「트로이 사람들」(Les Troyens)에 등장하는
디도와 아이네이스, 또는 과학에서 갈루아에 의한 군(群) 이론(theorie
des groupes)* 발명이나 유클리드에 의한 소수(素數) 이론 발명에 관해
서 말이다. 우리는 여기에서 암암리에 이 작은 책 전체를 관통하는 다
음과 같은 결정적인 테제가 나타남을 보게 된다. **진리는 오직 사건으로부**
터만 유래할 수 있다.

만일 진리가 보편적이라면, 진리의 과정은 보편성을 순수한 우발성
에, 곧 사건의 우발성에 묶어낸다고 주장해야 할 것이다. 진리는 세계 내
에서 우연과 영원성의 정원 외적인(surnuméraire **) 연결로 출현한다.

이런 이유 때문에 우리는 시적인 방식을 통해 플라타너스로 돌아갈
수 있다. 플라타너스가 자신을 특수한 외관으로 환원하고자 하는 자에
게 격분하여 대답할 때, 발레리가 생각하는 것이 바로 이러한 연결이
아니겠는가? 이 나무가 그러한 특수성에 대해, 보편성에 자기 자신이
포함됨을 맞세울 때, 그렇지 않겠는가? 나무의 대답을 들어보자. '폭풍

• 에바리스트 갈루아(Évariste Galois, 1811~1832)는 5차 이상의 방정식의 해를 찾
  는 과정에서 방정식을 이루고 있는 어떤 항들을 특정한 방식(자기 동형성)의 수열로
  묶을 수 있음을 발견하고 이를 군(groupe)이라 명명한다. 갈루아의 발명은 군, 체
  (corps), 환(circle)으로 확장되는 추상 대수학 체계의 시초가 된다. 바디우는『주체
  의 이론』에서 갈루아를 시작으로 하는 군 이론을 중심으로 논의를 전개하며, 직관주
  의적 위상학을 중심으로 논의를 이어가는『세계의 논리』에서도 갈루아의 이론에 관
  해 논한다.
•• 'surnuméraire'라는 말은 '정원 외적인'이라고 옮겼는데, 이는 '정해진 수를 넘어
  서는'의 의미이다.

우'에서 사건적 행동을, 그리고 '눈부신 머리'에서 폭풍우의 보편적(한결같은, universelles) 귀결들 곧 진리가 세계에 도래함에 플라타너스가 합체됨(incorporation)을 읽어내자. 이 '눈부신 머리'는 변모한 나무의 영광스런 몸이며, 또한 그 결과 자라나는 모든 것의 유적인 평등이자 참된 것의 너울거림 아래 펼쳐지는 나무와 풀의 우애이다.

── 안 돼! 나무는 말한다. 그가 말한다, 안 돼!
한 포기 풀에게 그러하듯 폭풍이
한결같이(universellement) 다루는 제 눈부신 머리의
불꽃을 튀기며 말한다.

6

합체

우리는 사건의 돌발을 가정한다. 그 자체로, 사건은 사라진다. 다시 말해, 존재의 버팀목(원소들의 동일성과 관련된 평가에 종속된 다수)의 출현의 표면으로의 도래를 통해 구성되는 초월적 병리학은 정착되거나 지속될 수 없을 것이다. 남는 것은 오로지 그 귀결들, 그리고 이 귀결들 가운데서도 자리의 사건적〔실존〕값을 정하는 귀결밖에 없다. 말하자면 그 비실존 원소의 대체, 즉 영 또는 최소 정도에서 최대 정도로 넘어가는 대체 말이다.

모든 진리는 전적으로 불확실하게 실존하던 어떤 것의 출현이 섬광같이 도래함으로써 나온다. 이를테면 정치에 있어 고대의 노예들 또는 오늘날의 프롤레타리아나, 예술에 있어 아무런 형식적 가치도 없던 무언가가 형식 — 심지어 탈형식화된(dé-formée) 것일지라도 — 으로 인정받던 것과 무형식(informe)으로 머물던 것 사이에서 예기치 못한 경계 변경이 일어나 갑작스레 변모되는 일, 사랑에 있어 있을 법하지 않으며 오랫동안 부정되던 **둘**에 의해 **하나**의 견고함에 대한 전적인 침입이 일어나 세계 그 자체를 실험하며 그 실험에 무한히 헌신하는 일, 과학에 있어 물질이나 생명이 갖는 중요한 성질을 그와 대립하는 것으로 보이는 수학적 문자의 지배 아래 두는 일 등이 그러하다. 그렇게 스파르타쿠스나 레닌, 아이스킬로스나 니콜라 드 스탈*, 엘로이즈와 아벨라르, 에디트 피아프와 마르셀 세르당, 아르키메데스나 갈릴레이 등과 같은 고유명들이 이러한 분출에 합류한다.

우리는 사건적 변동을 통해 출현의 최대역량을 갖도록 격상된, 세계의 이전 상태에서의 비실존을 **시초적 언표**(*énoncé primordial*)라 명명할 것이다. 필연적으로 말(parole)이 문제가 되기 때문이 아니라, 이 용어의 가치가 일종의 명령이기 때문이다. 그것은 그 자신의 격상을 통해 부여된 권위를 가지고 우리에게 말한다. '존재하는 것만 보지 말고 도래하는 것을 보라. 새로운 것의 효과들에 몰두하라. 이 효과들의 생성에 적합한 규율을 수용하라. 너를 이루는 모든 다수를, 곧 몸 안의 몸을 **참**(Vrai)의 지울 수 없는 재료로 삼으라.' 이러한 물질적 명령은 우리에게 다음과 같은 것들을 말한다. '만국의 프롤레타리아들이여, 단결하라!'(마르크스), '세계는 수학의 언어로 쓰였다'(갈릴레이), '한 번의 주사위 던지기는 결코 우연을 폐지하지 않으리라'(말라르메), 혹은 '사랑

---

* 니콜라 드 스탈(Nicolas de Staël, 1914~1955): 러시아 출신의 프랑스 화가로 추상적인 풍경화로 명성을 얻었다.

은 하나의 사유이다'(페소아).

시초 언표로 시작된, 진리의 몸 또는 주체화 가능한 몸이 될 새로운 몸이 세계 안에서 만들어지고, 그 맥락이 명료할 때 우리는 이를 단적으로 **몸**(*corps*)이라 지칭하게 될 것이다. 이러한 몸은 어떻게 만들어지는가? 몸은 세계에 속한 다른 몸들과 시초 언표 사이의 유사성에 따라 만들어진다. 바로 이 언표를 중심으로 사건의 귀결들의 전개 과정에 연루된 다수들이 결집되는데, 이 언표가 그 귀결의 기원을 집약하고, 그 귀결의 새로움을 가능케 한다. 1960년대 말까지, 68년 5월에 충실한 셀 수 없이 많은 잡다한 집단을 형성한 '극좌파'(gauchistes)를 생각해 보자. 어떤 만남의 소멸을 시초 언표로 고정하는 '나는 너를 사랑해'라는 말의 전복적인 효과들을 세계 안으로 가져오는 연인들을 생각해 보자. 20세기의 첫 십 년에 있었던 12음 음악으로의 전환 이후, 쇤베르크의 훌륭한 제자들이자 계승자들인 베르크와 베베른이 겪었던 예술적이고 세속적인 고행을 상상해 보자. 1930년대에 에미 뇌터(Emmy Noether)를 필두로 한 독일 학파의 현대 대수학에서의 근본적 혁신을 발견한 프랑스 수학자들의 경탄에 주목하자. 다른 수많은 예들이 보여주는 바와 같이, 시초 언표의 권위와 연결되는 어떤 개인에게 그것은 자신의 몸과 영혼이 모두 이 언표의 편에 서 있고, 그 언표의 효과를 몸으로 (다시!)* 펼쳐내기 위한 확고한 지원자라고 스스로 선언하는 것이다.

• '몸으로'(en corps)는 '집단으로'로도 읽을 수 있다. 여기에서 '몸으로'(en corps)와 '다시', '여전히' 등의 의미를 지닌 'encore'는 발음이 같다.

실제로 이 과정은 그 몸이 그 언표, 그리고 따라서 한 지점에서 출현의 법칙을 벼락같이 후려치는 사건의 효과들을 펼쳐내는 어떤 것과의 본질적인 유사성을 실험하는 모든 것을, 구성 중에 있는 몸에 덧붙이는 부과의 과정이다. 이것이 바로 그 과정에 적합한 이름이 **합체**(*incorporation*)인 이유이다.

출현의 논리에 관한 가장 정련된 세부에서 출발하여 합체를 정식화할 수 있다. 이러한 과제는 『세계의 논리』에서, 특히 진리의 몸에 관한 이론을 담고 있는 7부에서 완수되지만, 이 이론은 특히 3부에서 명시된 '대논리학'(Grande Logique)의 모든 정묘함을 전제로 한다.

어떤 '몸'과 세계 내에서 사건의 궤적을 그리는 시원적 언표 사이의 '유사성'은 무엇을 의미하는가? 이 책의 3장과 4장에 명시된 출현의 이론의 기본 골격을 통해 이를 충분히 이해할 수 있을 것이다. 비실존의 대체자인 이 언표는 이제 세계 내에 최댓값으로 출현하는 어떤 다수이다. 그렇게 '사랑의 선언들'이라 적절히 명명된 언표들 중 '나는 너를 사랑해'라는 사랑의 시초 언표는 연인들, 또는 미래의 연인들의 주체적인 세계 내에서 그 무엇으로도 능가할 수 없는 강도로 실존한다. 그렇다면 관련된 세계에 속한 어떤 다수를, 예를 들어 연인들 중 한 명이 가진 해변을 산책하는 취향에 대해 생각해 보자. 이 원소가 갖는 시초 언표에 대한 동일성의 관계가 가능한 한 가장 높은 정도로 측정된다면, 이 원소는 구성 중에 있는 사랑의 진리의 몸(corps)에 합체된다고 (s'incorpore) 말할 수 있을 것이다. 실제로 이것이 의미하는 바는 물론 이 연인이 다른 연인을 이런 종류의 산책에 데려가고, 텅 빈 해변에 대한 자신의 열정에 포함시켜, 바다의 속삭임에 대한 자신의 사랑을 단적인 사랑의 견지에서 재평가하게 된다는 것 등을 의미한다. 형식적으로, 이는 '해변을 산책하는 취향'이라는 여건과 사랑의 시초 언표 사이의 동일성의 정도가 이러한 취향의 실존 정도보다 열등할 수 없음을 의미한다. 그 의미는 명료하다. 이제부터 개인적인 정동(情動, affect)은, 사랑의 시초 언표에 대한 이 정동의 동일성이 그 자신의 강도에 비해 열등하지 않을 경우에 한해, 즉 이 정동이 결코 그 힘을 잃지 않은 채 사랑으로 '구성'될 수 있는 경우에 한해, 사랑의 몸의 구성에 들어갈 수 있다. 그때 이 정동은 사랑의 몸을 풍성하게 하며, 이는 곧 그 몸이 진리의 과정에 들어간다는 것을 의미한다. 다시 말해, 해변은 **둘**의 관점에서 출현의 단편으로 재평가되며, 더 이상 세계의 자기도취적인(narcissique) 주이상스에 갇히지 않는다. ■

형식적 분석은 이러한 경험적 견해를 강화한다. 실제로 세계에 속한 어떤 다수가 실존의 최대 강도로 출현한다면(정의상 모든 시초 언표가 그런 것처럼), 같은 세계 내에 출현하는 다수가 어떤 것이든 그것이 첫 번째 다수와 맺는 동일성의 관계는 이 두 번째 다수의 실존의 정도보다 우월한 정도일 수 없다는 점이 입증된다. 말하자면, 어떤 다수와 시초 언표의 동일성의 정도는 기껏해야 바로 그 어떤 다수의 실존 정도와 동등하다는 것이다. 두 정도가 동등하다면, 어떤 다수와 시초 언표의 동

■ 사랑에 관해서는 「사랑이란 무엇인가」("Qu'est-ce que l'amour?", dans *Conditions, op. cit.*)와 「둘의 무대」("La scène du Deux", dans le recueil collectif *De l'amour*, Flammarion, 1999)라는 두 텍스트를 참고할 수 있다.

일성은 가능한 만큼 최대한으로 증가한다. 즉, 이 다수는 시초 언표와 최대 동일성의 관계에 있는 것이다. 바로 그러한 관계가 이 다수와 그 언표의 깊은 '유사성'(affinité)을 표시한다.

그래서 우리는 세계에 속한 어떤 다수의 시초 언표에 대한 동일성의 정도가 최대일 경우, 이러한 다수가 하나의 진리 과정에 합체된다고, 혹은 이 진리의 몸을 이루는 구성요소가 된다고 말할 것이다. 이런 방식으로 극좌파 젊은이는 '정치의 재창안'이라는 시초 언표로 말해질 수 있는 '68년 5월'이라는 사건의 효과에 제한 없이 가담함으로써 그 자신을 넘어 봉기한다. 혹은 해변의 산책에 대한 연인의 취향에서, 이 산책은 '나는 너를 사랑해'의 명령 아래 사랑 그 자체의 황홀한 시간이 된다.

어떤 진리의 생성에 합체된다는 것, 그것은 시초 언표에, 즉 진리를 지탱하는 몸이 유래하는 이 사건의 상흔에, 동일시되는 것을 허용하는 어떤 것에 비견할 만한 강도를 지닌 당신 안의 모든 것을 그러한 몸에 덧붙이는 일이다.

여기에서 우리는 불가피한 단순화를 통해 결국 다음과 같은 것에 이른다. 진리의 과정은 시초 언표와 진정한 유사성을 유지하는 모든 다수들을 이 언표 주변에 결집시킴에 따라 세계에 출현하는 새로운 몸의 구축이다. 그리고 시초 언표가 사건의 힘의 흔적이기에, 우리는 또한 다음과 같이 말할 수 있다. 진리의 몸은 세계 내에서 사건의 힘을 최대한으로 받아들인 모든 것이 사건의 귀결들에 합체된 결과라고 말이다.

진리, 그것은 세계가 예측 불가능한 몸을 점차 출현의 이질적인 재료들 가운데 조금씩 출현하게 하는 사라진 사건이다.

7

주체화

우리는 이제 시초 언표 곧 사라진 사건의 흔적 자체를 둘러싸고 구성되는 진리의 몸의 실존을 가정한다. 이 몸은 사건이 영향을 끼치는 세계 안에 위치하며, 거기에서 가시적으로 펼쳐진다. 따라서 **이 몸의 실존에 관해 취해지는 입장이 바로 실재, 즉 사건에 관해 취해진 입장의 물질성이다.** 그러나 사건은 세계의 질서의 동요이며(국지적으로 이 세계의 논리적 조직 ─ 초월성 ─ 을 허물기에), 비실존의 지양(止揚, relève)을 통해 입증된다. 그러므로 새로운 몸에 관해 취해진 입장은 세계의 질서에 관한 입장에, 그리고 이 세계 안에 무엇이 실존하거나 실존하지 않아야 하는지에 관한 입장에 상당한다.

추상적으로 볼 때, 세 가지 유형의 입장이 있을 것이라는 점은 명백하다. 우리가 앞 장에서 기술한 첫 번째 유형은 몸으로의 합체, 새로움에 대한 열광, 세계의 법칙을 국지적으로 전복하게 되는 어떤 것에 대한 능동적 충실성이다. 두 번째 유형은 무관심이다. 마치 아무것도 일어나지 않은 듯이 행동하거나, 혹은 보다 정확히 말해서 사건이 일어나지 않았다면 사물들은 결국 동일했을 것이라 확신하는 것이다. 이는 고전적인 반동의 입장으로, 평온한 보존의 힘으로 새로움을 무효화한다. 세 번째 유형은 적대이다. 새로운 몸을 반드시 파괴해야 할 이상하고 해로운 침입으로 간주하는 것이다. 새로운 것, '현대적'이며 전통과 다른 모든 것에 대한 증오에서, 우리는 몽매주의(obscurantisme)를 발견한다.

우리는 이러한 태도들을 몸의 **주체화**(*subjectivation*)라고 부를 것이다. 또한 우리는 세 가지 유형의 주체화가 있으며, 그것이 세 가지 유형의 주체를 주체화 가능한 몸에 비추어 충실한 주체, 반동적 주체, 모호한 주체로 규정한다고 말할 것이다.

분명하게 이해해야 할 것은 세 가지 주체가 사건과 몸에 관해 동시대적이라는 점이다. 설령 이 동시대성이 부정적인 것이라 하더라도 말이다. 그러므로 이 주체들은 새로운 형상들이다. 이런 표현이 역설적이기는 하지만, 반동적 주체는 보수주의의 창안물이며, 모호한 주체 그 자체는 가장 꽉 막힌 전통에 내적인 창조물이다. 이들이 **몸에 관한 정향**을 규정하는 이상, 세 가지 주체적 유형은 새로움의 성격을 띤다. 세 가지는 모두 이전에 알려지지 않은 진리가 직조되는 능동적 현재(présent actif)의 형상들이다. 이 형상들은 어떤 진리가 힘겹게 자신의 길을 가고 그 보편성을 통해 출현의 정황에서 빠져나오는 역사를 구성한다.

예를 들어, 러시아의 10월 17일 혁명이라는 전형적인 사건적 돌발을 검토해 보자. 새로운 몸은 명백히 소비에트 국가(실제로 당의 국가-되기라 할 수 있는)에 의해 그리고 동시에 1920년부터 세계 전역에서 창조되어 제3인터내셔널을 이루는 공산주의 정당들에 의해 구성된다.

충실한 주체는 이러한 민족 국가들과 정당들 그리고 세계적인 공산주의 운동을 규정하는 국제 조직으로 이루어진 복합체에 대한 개별 귀속요소들의 합체, 즉 체계를 의미하는 어떤 것이다. 그것의 생성이 갖는 투사적 정향인 **충실한 주체는 몸의 현재를 진리의 새로운 시간으로 직조한다.**

반동적 주체는 새로운 몸의 실존이라는 조건에서 과거의 경제 형식과 정치 형식(자본주의와 의회민주주의)의 보존으로 정향되는 모든 것이다. 이는 그 자신의 영속성을 보장하는 부르주아적 민주주의의 주체이다. 어떤 의미에서 반동적 주체는 사건의 유효성(effectivité)을 부인한다. 과거의 세계가 있는 그대로 지속될 수 있으며 또 그래야 한다고 주장하기 때문이다. 이 주체는 그 자신과 새로운 정치적 현재 사이의 뛰어넘을 수 없는 거리를 유지한다. 그는 새로운 현재에 대한 그 자신의 비현존(non-présence)을 가짜 현재로 바꿔놓는 것이다. 하지만 다른 의미에서 반동적 주체는 새로운 몸의 실존을 가장 중요하게 고려한다. 특히 이 주체는 다양한 형태(영국의 노동 운동, 프랑스의 인민 전선의 개혁과 [독일 점령으로부터의] 해방 이후의 개혁, 미국의 뉴딜 등)로 노동자들에 대한 양보를 거듭하고, 사회 정책을 정의하며, 산업 세력이나 금융 세력의 무한정한 욕구를 억제한다. 이 모든 것이 과거 질서의 틀(동일한 초월성의 법칙을 통한 동일성과 차이의 평가) 안에 머무르기만 한다면 말이다. 이러한 '개혁들'은 분명히 진리 과정으로의 합체와 충실한 주체의 확장과 뚜렷한 공산주의적 확신이 충분히 한정된 현상으로 유지되기 위해 요구된다. 전체적으로 볼 때, 과거 세계의 출현은 동일한 초월성 아래 남아 있어야 하고, 그 결과 새로운 몸은 오로지 국지적으로 그 최대의 실존을 펼쳐낼 수 있을 뿐이다. 이것이 바로 반동적 주체가 이 새로운 몸에 할당하는 방향이다. 즉, 될 수 있는 한 구석에 박혀 있으라는 것이다. 미국은 이러한 노선을 공산주의적 세계에 대한 **봉쇄**(*containment*) 노선이라 규정했던 바 있다. 이런 의미에서, 반동적 주체는 새로운 몸에 의해 초래되는 하나의 새로운 주체이다. 즉, 반동적 주체는 **새로운 보수주의적 실천의 창안**을 실현한다. **참**(Vrai)의 현재에 대한 새로운 거리를 구축함으로써, 이 주체는 지속성의 유사물을 지탱한다. 이는 현재를 숨기는 현재이다.

모호한 주체는 새로운 몸의 죽음을 원한다. 내재적인 개혁을 대가로 한 초월성의 영속은 이 주체에게 충분치 않다. 이는 20세기 전반 유럽에서 파시즘의 노선을 규정했던 어떤 것이다. 이 노선은 다음과 같은 의미에서 혁명적이다. 즉, 새로운 현재의 현존을 끝장내기 위해서는 진리의 몸의 완전한 파괴를 현재화하고, 충실한 주체가 그 몸의 정향인 이상, 모든 형태의 충실한 주체를 제거해야 한다는 의미에서. 모호한 주체의 문제는 그 혁명의 순수한 반(反)혁명적 차원이 그것이 요구하는 파괴적인 힘들을 모아내기에 충분한 힘을 갖지 못한다는 점이다. 게다가 이 주체는 진리의 몸과 경쟁하지만 그럼에도 그 경쟁자를 만들어내는 사건을 인정하기보다는 오히려 이를 거부하고 부인하는 허구적인 몸을 철저히 창안해야 한다. 이런 이유로, 파시즘이 내세우는 몸은 사건적인 것이 아니라 실체적인 것일 수밖에 없다. 인종, 문화, 민족, 혹은 신이라는 실체가 그런 것이다. 그러므로 모호한 주체는 첫째, 전통에서 차용된 허구적인 몸의 위협적인 주권을 부과하며, 둘째, 영원한 실체의 현재라는 역설적인 현재를 통해 새로운 현재를 파괴한다. 모호한 주체는 그가 보기에 줄곧 거기 있었던, 그러나 사건이 은폐하고 훼손했던 어떤 것을 현재화한다. 이것이 바로 히틀러가 약속한 '천년 왕국'(Reich de mille ans)의 진정한 의미이다. 일단 혁명의 현재가, 특히 공산주의적 현재가 파괴되고 나면, 독일 혹은 아리아인의 영원성이라는 현재가 있게 될 것이다. 진리 과정의 움직이는 몸에 대해, 모호한 주체는 민족이나 인종 혹은 종교라는 실체에 의해 고정된 지나간 현재(présent-passé)•를 맞세운다. 그러나 이 약속은 지켜질 수 없다. 사건의 실재로부터 나오는 귀결들을 펼쳐내는 진리의 몸과 달리, 모호한 주체의 몸은 허구적이기에, 모호한 주체는 제 경쟁자[인 진리의 몸]의 파괴를 통해서만 자신의 허울뿐인 현재를 유지한다. 아리아인의 영원성은 유대인 말살의 시간으로 실존할 뿐이다.(이는 나치가 그 실존의 마지막 순간까지 왜 이 일에 전념했는지 설명한다.) 그 왕국(Reich)은 전쟁에 패배하는 시간으로 실존할 뿐이다.(이는 모든 협상을, 심지어 [연합국의] 독일 진공 이후에도 모든 협상을 거부하는 자멸적인 태도를 설명한다.) 모호한 주체는 진리의 몸에 대한 완강한 저항에서 자신의 전적인 현재를 유지한다. 이

• 이미 완료된 현재라는 의미에서 '현재완료'로 읽을 수도 있다.

주체는 죽음의 몸짓 아래 충실한 주체의 완강함을 현재화하는 자이다.

세 가지 유형의 주체로 만들어진 회전문은 (정치, 예술, 과학, 혹은 사랑과 관련한) 역사의 시퀀스를 규정한다. 우리는 예를 들어 반동적 주체가 모호한 주체와 연합하여 충실한 주체에 맞서고(독일에서 고전적 반동은 공산주의자에 맞서 히틀러에게 협력한다.), 충실한 주체가 모호한 주체에 맞서 반동적 주체와 연합하는 것을 본다(나치에 대항하여 맺어진 미국과 소련의 동맹). 언제나 자멸로 향하지만 심지어 충실한 주체와 모호한 주체 사이의 동맹▪의 유혹마저도 실존할 수 있다(1939년의 독일-소비에트 [불가침] 조약). 이는, 헤겔의 변증법이나 교조화된 마르크스주의가 단언하는 것과 달리, 역사적 현재가 진리의 몸의 현재와 일치하지 않기 때문이다. 실제로 **역사**(Histoire)는 언제나 세 가지 주체적 유형의 뒤얽힘이며, 진리의 몸(corps-de-vérité)에 비추어 이 몸에 대한 세 가지 정

▪ 오늘날 한편으로 '극좌파'를 표방하는 의견과 다른 한편으로 이슬람교의 가면을 쓴 불분명한 파시즘적 파벌들 간의 원칙 없는 연합의 유혹이 나타난다. 서구 '극좌파'의 무력함은 그러한 파벌들이 가진 유해한 힘과 그에 따라붙는 소란스런 미디어에 매료된다. 하지만 그러한 연합은 용인될 수 없을 뿐만 아니라 결코 어떠한 미래도 없다. 그러한 연합은 필경, 독일-소비에트 [불가침] 조약이 1939년과 1941년 사이에 공산주의적 투사들의 사기를 저하시킨 만큼이나, 새로운 유형의 대중 정치의 구축 과정을 수행하는 당사자들의 사기를 떨어트릴 것이다.

주석에 대한 주석: 나는 내가 '이슬람교의 가면을 쓴 파시즘적 파벌들'이라 지칭한 자들을, 비록 나와 어떠한 원칙도 공유하지 않지만, 국민적으로 확고하게 정립되고 구성된 대중 지지를 확인할 수 있는 팔레스타인의 하마스나 레바논의 헤즈볼라와 같이 마찬가지로 종교적인 성향의 조직들과 혼동하지 않는다. 아프가니스탄의 탈레반과 소말리아의 이슬람법정연합(Tribunaux islamiques)은 그 정치적 운명이 정해지지 않은 중간적인 사례이다.

향을 조합한다. 메를로퐁티는 진리의 생성이 명백히 그 현재 자체 안에 은폐된다는 점을 확인하면서, '**역사**는 결코 고백하지 않는다'고 말했다. 확실히, 역사는 오로지 거기서 현재의 상흔을 풀어내기를 포기하는 자에게만 판독 불가능하다. 우리는 참을성 있게 사건과 이에 이어지는 진리의 구축에서 출발할 필요가 있다. 그러고 나서 반동과 그 극단적 형태들 또한 주체화할 수 있는 몸을 표시하는 사건 이후의(post-événementiel) 현재와 동시대적인 새로움들이라는 점을 받아들여야 한다. 그리고 마지막으로 주체적 정향들의 혼합이 그 결과에 있어 계산 불가능하다는 사실로부터 **역사**의 불명료한 외관이 귀결된다는 점을 인정해야 한다. 실제로 **참된 것**(le Vrai)은, 반동적 새로움이나 모호한 새로움과 싸우는 가운데 끊임없이 일어나는 우여곡절 안에서 그것이 가능케 할 수 있는 영원성에 도달하는 한에서만 인식될 것이다. 그러므로 **참된 것**은 자신의 현재로부터 분리되는 것으로, 따라서 그것의 탄생을 목격하고 혼란에 빠진 세계로부터 분리되는 것으로 인식될 것인데, 이런 것이 바로 인식이라고 불리는 것이다. 오로지 **참된 것**이 새로운 합체라는 목적으로 쓰이기 위해 다른 세계에 배치될 때만이 **참된 것**의 부활은 있는 그대로 우리에게 전달될 것이다. 진리(vérité)는 오로지 진리를 출현하게 했던 물질적(corporel) 과정의 전미래(futur antérieur) 시제에서만 보편적이다.

정치가 그리고 오로지 정치만이 진리들의 사건적 생성과 이 생성을 이끄는 주체–형식들과 관련하여 유일한 패러다임이 된다고 믿어서는 안 된다. 여기서 나는 사랑에 관해 이야기하면서 그것을 보여주려

한다.

우리는 사랑의 몸이 둘(Deux)의 관점에서 실행되는 세계 경험의 특수한 형식이라는 점을 살펴본 바 있다. 이 합체에 소환된 개인들은 그 둘의 운반자가 되는 두 사람이며, 이에 따라 최소의 '집단성'(collectivité)을 구성한다. 이는 결코 사랑의 역사가, 해방의 정치(혹은 참된 정치)의 역사나 새로운 예술 체제의 역사 또는 새로운 과학 이론의 전개만큼이나 혼란스러운 뒤얽힘일 수 있음을 가로막지 않는다.

그 주체적 유형들은 특히나 쉽게 알아볼 수 있다.

당연히 충실한 주체는 사랑을 이 주체에 의해 세워진 둘의 실제적인 힘으로 몰고 가는 모든 것이다. 이는 합체 그 자체이며, 세계의 더 많고 더 강렬한 끊임없는 단편들이 자기도취적인 만족이나 불만으로 후퇴하기는커녕 오히려 둘 앞에 등장한다는 사실이다. 덧붙여 사랑은 보편성의 원자와 같다는 점에 주목하자. 문화를 가로지르는 보편성(정치적 국제주의나 과학자 공동체 등과 같은)이 아니라, 개별자를 가로지르는 보편성이라는 점에 있어서 말이다. 하나에서 둘로 넘어가 둘을 무한히 실험하기에(세계의 모든 원소가 사랑의 몸을 통해 다뤄질 수 있기에), 사랑은 개별자에서 그 자신을 넘어서는 직접성으로 향하는 이행의 첫 번째 단계이다. 그것은 보편성 안에서 단독성의 승화(sublimation)가 일어나는 기본 형식이다. 우리가 아는 바와 같이, 그런 이유로, 사랑과 사랑 이야기들은 언제나 인류를 감동시킨다. 사랑에서 기본적으로 진술되는 것은 삶이, 곧 삶이라 불리는 것이 개별자의 이해관심이 아니라 세계가 '우리'에게 노출되는 방식으로 환원될 수 있다는 점이다. 비록 이 '우리'가 아무리 제한적일지라도, 있는 것이 아니라 '우리에게' 일어나는 것으로부터 출발하여 우리가 우발적으로 구축되는 것이 아무리 위험할 수 있다 해도 말이다.

사랑 속에서 반동적 주체는 확실한 담보 없이는 당연히 이 위험을 떠맡으려 하지 않는다. 어떤 의미에서 이 주체는 사랑이 근본적인 사건이 아니라 만족스러운 실존에게 요구되는 일종의 내적 보완물이기에, 연인이 삶은 예전처럼 계속된다고 말할 수 있기를 요구한다. 그렇게 하기 위해 사랑의 몸은 모든 종류의 보수적인 신중함을 통해 선별되는데, 그러한 신중함의 일반적 형식은 바로 계약이다. 이를테면 나는 둘의 삶에서 얻는 이점이 결점보다 더 많은지 알아야 하며, 또한 내 개인적 이점이 내 동반자가 상황에서 얻는 이점과 동등한지 알아야 한다. 법적으로 신중한 이 전망을 '부부 상태'(conjugalité)라고 말할 수 있는데, 이 전망은 사랑의 기원 자체가 전제하는 무질서하고 불규칙적인 부분을, 즉 사랑의 결과물을 맹목적으로 실험하는 데 삶을 바치는 계산 불가능한 마주침을 가능한 한 제한적인 공간 안에 가두고자 시도한다. 점차 반동적 주체는 사랑을 사랑의 객관적 기층이자 그 영구적인 적에 해당하는 것, 즉 가족으로 변모시킨다. 사랑이 하나의 가족에서 다른 가족으로의 이행을 보장할 수 있고 또 그래야만 한다는 점을 보증하는 것은 바로 이 주체다. 그런데 가족은 사랑에 대해, 국가가 정치에 대해 취하는 입장과 정확하게 동일한 입장을 취한다. 이런 의미에서 반동적인 부부 상태는 우리가 오늘날 무기를 사용해서라도 전 세계에 강제하기 바라는 '민주주의'와 정확하게 같은 것이다. 우리가 아는 것처럼, 이러한 '민주주의'는 정치 없는 정치인데, 심각한 분쟁 없이 자본-의회주의를, 곧 현대 국가의 지배적 형식을 보존하게 하는 유일한 목적을 가지기 때문이다. 이런 의미에서 부부 상태는 사랑 없는 사랑이다. 이는 현대적인 핵가족을 보존하게 하려는 목적을 갖는다.

사랑에 있어서, 모호한 주체는 정치에서와 마찬가지로, 혁명적 입장을 자임한다. 이 주체는 결코 부부 상태에 만족하지 않는다. 이 주체는 사랑이 우연의 흐름이기는커녕 별들 속에 혹은 어쨌든 모든 면에서 명백한 우발성을 넘어서는 필연성 속에 미리-새겨져 있다고 주장한다. 이 주체는 오로지 이별이나 상대의 부정(不貞) 같은 치명적인 위협만이 있는 그러한 우발성의 궤적을 모두 추적하여 파괴하고자 한다. 사랑이 그 과정 자체를 빼면 어떤 종류의 보증도 없다는 사실을 반박하기 위해, 모호한 주체 역시 어떤 허구를 제시해야 하고, 그 허구는 **일자**의 허구이다. 즉, 모호한 주체에게 사랑은 결코 사건이 도마 위에 올려놓은 **둘** 앞에 세계의 무한이 출두하는 것이 아니다. 사랑은 미리 결정된 **일자**의 융합적 수용이다. 이런 치명적인 관점에서(트리스탄과 이졸데에 관한 바그너의 신화가 보여주듯), 파괴의 가장 일반적인 작동인(opérateur)은 질투이다. 실제로 질투하는 사람은 사랑에 어떤 자유나 방황의 여지도 남겨두지 않는다. 가정된 **일자**로부터 벗어나는 모든 일탈은 배신의 출발점이다. 우발성을 자아내는 모든 것은 가정된 **일자**에 상처가 된다. 융합적 약속을 반복하지 않는 모든 것, **둘**을 단언하는 모든 것은 의심스럽다. 질투는 이러한 의심의 경험이며 사랑의 몽매주의에 대한 주체적 자극이다. 파시즘이 사회적 삶에 대해 그러하듯, 질투는 커플의 삶을 일련의 치안과 관련한 에피소드로 전환시킨다. 그리고 파시즘이 그런 것처럼, 질투는 **일자**의 쇠퇴보다는 완전한 파괴를 선호한다.

프루스트처럼 사랑의 본질이 질투라고 생각하는 사람들은 공동체의 본질이 경험적이거나 인종적인 실존의 원형적 **일자**라고 생각하는 극단적 민족주의자들과 비견할 만하다. 그들은 결국 자기 견해를 그들 자신과 다른 사람들의 고통을 통해서만, 그리고 마침내 실재적이거나 상징적인 살인을 통해서만 지탱할 수 있을 뿐이다.

그러나 모든 실재적 사랑은, 참된 정치가 그렇듯, **둘**의 위험을 열어 두는 자인 충실한 주체가, 그가 언제나 이끌어가는 몸과 동시대를 사는 반동적 주체나 모호한 주체의 행동에 의해 지나치게 번민하거나 당황하지 않도록 하기 위해 싸운다. 불명확한 가족과 치명적인 질투 사이에서, 사랑은 그 운동하는 영원성의 도박을 고수해야 한다.

8

이념화

내가 말하는 '**이념**'(Idée)이란 개인이 자신이 포함된 세계를 그려내는 출발점인데, 그것은 곧바로 진리의 과정에 대한 통합에 의해 그 개인을 충실한 주체적 유형과 연결한다. **이념**은 개인 곧 인간 동물의 삶이 **참**(vrai)에 따라 방향을 정하도록 하는 무언가이다. 혹은 다시 말해서, **이념**은 개인과 진리의 **주체** 사이를 잇는 매개인데, 여기에서 '**주체**'는 세계 내에서 사건 이후의 몸을 이끌어가는 어떤 것을 지칭한다.

이 '**이념**'이라는 말의 의미는 플라톤의 이데아(idée)에 관한, 특히 『국가』의 유명한 만큼이나 수수께끼 같은 구절이 바쳐진 '**선**(善)의 이데아'(idée du Bien)에 관한 나 자신의 해석을 실재화한다. 고대 신플라톤주의자들 이후 도덕화하는 지나치게 많은 신학들이 남용했던 '**선**'이라는 말을 '**참**'이라는 말로 교체한다면, 우리는 플라톤의 글에 대한 다음과 같은 번역을 얻을 수 있다.

인식 가능한 것이 존재를 통해 인식된다고 말해질 수 있는 것은 오로지 그것이 진리 안에 있는 한에서일세. 하지만 인식 가능한 것이 그 존재 안에서 인식되는 것뿐만 아니라 그것의 인식된-존재, 즉 그 존재에 대해, 그것이 사유에 노출되는 한에 있어서만 '존재'라고 말해질 수 있는 것 역시 진리에 빚지고 있다네. 그럼에도 불구하고 진리 그 자체는 사유에 노출되는 것의 질서에 속하지 않으이. 왜냐하면 진리는 그 질서의 지양이고, 따라서 그 우선성과 힘에 따라 구별되는 기능이 부여되기 때문일세.●

여전히 우리의 문제이기도 한 플라톤의 문제는 특수한 세계(우리에게 인식하도록 주어지는 것, 즉 '인식 가능한' 것)에 관한 우리의 경험이 어떻게 영원하고 보편적인 진리들에, 그리고 그런 의미에서 세계를 가로지르는(transmondaines) 진리들에 이르는 통로를 우리에게 열 수 있는지 아는 것이다. 플라톤이 말하는 바로는, 이를 위해서 이 경험은 '진리 안에서'(en vérité) 배열되어야 하며, 엄격한 의미로 이해되어야 하는 내재성이어야 한다. 이를테면 우리 경험 세계의 특수한 대상이 단지 그 특수성 안에서 인식될 뿐만이 아니라 존재 안에서 인식된다고 말할 수 있는 것은 바로 그것이 진리의 원소 안에 배치되는 한에서이다. 그리고

● 바디우는 플라톤의 「국가」 편에 등장하는 '태양의 비유'에 대한 설명을 기존의 번역과는 완전히 다른 방식으로 서술하고 있다. 엄밀히 말해, 이 번역은 철학적으로 심화된 '번안'에 가깝다. 바디우는 「국가」 편 전체를 다시 번역-번안하여 "플라톤의 국가"라는 제목으로 출판한 바 있다. Alain Badiou, *La République de Platon*, Fayard, 2014, p. 356에서 위 구절을 볼 수 있다.

그가 덧붙이는 바로는, 그래서 세계에 속한 이 대상이 그 존재 안에서 파악된다면, 그것은 단지 사유에 노출되어 있는 한에서의 이 대상의 부분이 진리 '안에' 있기 때문이다. 그러므로 우리는 대상의 존재와 이 존재에 관해 사유되는 것이 식별 불가능한 지점에 있다. 대상의 특수성과 대상에 관한 사유의 보편성 사이에 있는 이러한 식별 불가능성의 지점이 정확하게 플라톤이 **이념**이라고 명명하는 것이다. 결국, **이념** 자체에 대해서 말하면, 그것은 대상을 '진리로' 도래하게 하는 힘, 따라서 보편적인 것이 있다고 주장하는 힘 안에서 실존할 뿐이기에 그 자체로는 현시될 수 없다. 그것은 참-에서-현시(présentation-au-vrai)이기 때문이다. 한마디로, **이념**의 **이념**은 없다. 게다가 우리는 이러한 부재를 '**진리**'라 명명할 수 있다. **이념**은 사물을 진리로 노출시키는 참이고, 따라서 그것은 언제나 **참**의 이념이지만, **참**은 이념이 아니다.

내가 철학의 구원으로 제안하는 이 배치는 본질적으로 그러한 플라톤적 사고방식의 유물론적 전환이다(플라톤 자신이 이미 유물론자이며 **이념의 유물론**을 창안하지 않은 이상). 첫째, 가능한 사유의 개별적 지지대, 곧 영원성의 역량을 지닌 인간 동물인 우리는 세계들의 출현 가운데 실존하며, 세계들은 그 자체로는 결코 어떠한 참도 드러내지 않는다. 세계는 단지 세계의 초월적 논리를 이루는 물질일 뿐이며, 우리는 이러한 논리를 지배하는 다수들 간의 차이와 동일성의 게임에 속한 평범한 예들일 뿐이다. 둘째, 우리가 진리의 배치 안으로 들어갈 수 있게 되는 일이 일어난다(사건, 혹은 플라톤에게 있어 '전환'). 분명히 우리에게 이러한 과정은 상승(ascension)이 아니며, 몸의 죽음과 영혼의 불멸성에 연결되지도 않는다. 플라톤도 알고 있었던 것처럼, 이 과정은 변증법, 다시 말해 우리 개별적 삶이 시초 언표 곧 사건의 흔적을 중심으로 구성되는 새로운 몸에 합체되는 과정이다. 이 과정을 통해 우리는 개인의 형상에서 **주체**의 형상으로 넘어가게 되며, 이는 〔고대〕 그리스의 스승에게 있어 우리가 소피스트적 담론(la sophistique, 세계의 차별적 법칙에 대한 교활하고 진리를 결여한 적응)에서 철학으로 넘어가게 되는 것과 정확하게 같다. 〔물론〕 우리에게는 철학 대신에 예술, 과학, 정치 또는 사랑이 있고, 우리에게 철학은 **진리**(Verité) 개념에 의거하는 그것들의 이차적 파악이라는 점을 제외한다면 말이다.

　주체의 구성에 가담하는 것은 우리의 개별적 실존을 이끄는 것인 반면에, 플라톤에게 있어 변증법적 전환은 정의로운 삶을 가능하게 한다. 이념이 나타내주는 것은 바로 이러한 '진리에의 가담'이다. 우리가 상승의 은유(우리는 감각적인 것에서 **이념**을 향해 '올라간다.')를 수평적인 은유(진리의 몸의 전개 과정은 세계 내에서, 타율적인 법칙에 따라, 이 과정에 통합되는 개별적 삶을 이끄는데, 그 재료는 완전히 특수한 것이지만 그렇게 보편적인 진리를 생산한다.)로 교체할 때, 우리는 **이념**이 개인 스스로 사유 행위를 **참**에 대한 내재성으로 포착하게 하는 것에 다름 아니라는 점을 이해하게 된다. 이러한 포착은 즉각적으로 개인이 이러한 사유의 창시자가 아니라 단지 그러한 사유가 지나가는 장소라는 점을 지시하지만, 그럼에도 불구하고 그 물질성을 구성하는 모든 통합이 없다면 이 사유가 실존하지 않으리라는 점을 지시한다. 플라톤이 오로지 **이념들**로의 변증법적 열림만이 정의로운 삶을 실현한다고 말할 수 있었던 것처럼, 나는 살아 있는 개인이 진리에 가담하고 따라서 주체화 가능한 몸의 구성에 가담하는 한에서만 보편적인 것을 실험한다고 말할 것이다. 실제로 이 개인은 자신이 참여하는 것이 모두에게 관계된다는 점을 아는 동시에, 그의 참여가 그 자신에게 어떤 특별한 권리도 부여하지 않지만, 그럼에도 그의 삶이 그렇게 단순한 존속 너머의 무언가에 참여함으로써 격상되고 완성된다는 점을 안다. 이러한 앎이 바로 **이념**의 앎이다.

진정한 삶은 **이념화**(*Idéation*)의 결과임을 말해두도록 하자.

들뢰즈는 강력하게 —사실을 말하자면, 자신의 철학에 대한 모든 자발성중심주의적(spontanéistes)●이면서도 '욕망-무정부주의적인' (anarcho-désirantes) 유쾌한 해석들에 반대하여 — 우리가 결코 자발적인(volontaire) 결정이나 자연적 운동에 의해 사유하지 않는다고 주장했다. 우리는 언제나 사유하도록 **강제된다**고, 그는 말한다. 사유는 우리의 등 뒤에서 가해지는 압력과 같다. 그 사유는 상냥하지도 않고, 기다리던 것도 아니다. 사유는 우리에게 행사되는 폭력이다. 나는 이러한 견해에 완벽하게 동의한다. 게다가 이러한 견해는 내가 보기에 전적으로 플라톤적인 것 같다. 누가 과연 소크라테스가 대화 상대자들에게 행사하던, 확실히 매력적이고 정묘하지만 냉혹한 폭력을 알아보지 못한다는 말인가? 내가 내놓는 제안에는 이중의 강압이 있다. 첫 번째 것

● spontanéisme은 혁명에 있어서 대중의 자발성을 강조하는 입장이다. 이 노선에 따르면 레닌이 강조했던 '전위당'에 의한 혁명적 의식의 주입을 거부하고 아래로부터 혁명이 조직되어야 한다.

은 바라지 않았던 선택에 우리를 노출시키는 사건의 난폭한 우연성이다. 합체를 선택할 것인가, 무관심을 선택할 것인가, 혹은 적대를 선택할 것인가? [즉] 충실한 주체를 선택할 것인가, 반동적 주체를 선택할 것인가, 혹은 모호한 주체를 선택할 것인가? 그에 이어지는 것은 개인들에게 이전에는 알려지지 않았던 규율을 부과하는, 빠짐없이 행해지는 몸의 구축인데, 거기서 문제가 되는 것은 수학적 증명의 새로운 형식, 사랑의 충실성, **당**(Parti)의 단결력, 혹은 아방가르드의 희생적인 무미건조함을 위한 낡고 즐거움을 위주로 하는 예술 형식의 포기다. 그것 역시 **이념화**이다. 즉, 그 무엇에 의해서도 보증되지 않기에 매우 자주 위험하고 변덕스러우며 불안한 무매개적 특수성을 띠는 것이 갖는 보편적인 힘의 재현인 것이다.

나는 단순한 개인의 **주체**-되기(devenir-Sujet)로의 노출(exposition)로서의 이러한 **이념**의 이론을 가능한 한 구체화하고자 한다. 19세기 말에 수학적 집합론을 창안한 칸토어의 예를 들어보자. 그의 작업이 유래한 사건은 **분석**(Analyse)과 무한 개념 사이에 벌어진 분쟁의 역사다. 19세기 초에 코시●의 작업은 미적분 계산에서 '무한소'(無限小, infiniment petits)의 언급을 제거하는 것이었는데, 무한소 개념은 18세기 전반에 걸쳐 미적분 계산의 저변에 깔린 형이상학을 구성했으며, 철학자들 ── 특히 버클리(Berkeley) ── 로부터 혹독하게 비판받았던 바

● 오귀스탱 루이 코시(Ausgustin-Louis Cauchy, 1789~1857): 프랑스 수학자. 코시의 수학적 업적은 매우 많지만, 특히 이전의 대수학자들이 일반적인 계산에 만족하던 경향에 반대하여 수학적 해석학 또는 분석 기법을 창안한 것으로 알려져 있다.

있다. 이는 어떤 양 a와 b가 주어질 때, a와 b의 차 a−b가 '무한소'의 양을 가진다면, a는 b에 '무한히 가깝다'는 것이었다. 그러나 무한히 작은 양이란 무엇을 의미하는가? 누구도 알지 못했다. 코시는 이 모든 것을 동역학적인 수열의 극한 개념으로 교체하는데, 이는 **분석**에 신뢰할 수 있는 공리적 토대를 제공하며 실무한 개념 전체를 수학적 사유 바깥으로 몰아낸다. 하지만 볼자노(Bolzano)와 데데킨트(Dedekind)를 통해 우리는 이 모든 것의 존재론이 매우 취약하며 특히 전반적으로 물리적이거나 경험론적이라는 점을 알게 된다. 어떤 수열이 극한을 '향한다'고 할 때, 그 저변에 있는 도식은 운동의 도식이다. 수학은 사실상 공간의 표상과 연관된 직관에 지배된다. 순수하게 수학적인 도식으로 돌아가기 위해서는 다시 한 번 실무한 개념을 맞닥뜨려 무한한 양들이 실존한다는 것을 받아들여야만 한다. 하지만 우리가 알고 있는 무한의 관념이 '무한소'에서 그런 것처럼 매우 막연하게 남아 있다면, 어떻게 할 것인가? 칸토어는 **집합**(ensemble)이라는 유적인(générique) 개념을 창안하고, 엄격하게 합리적인 절차에 따라 무한 집합과 새로운 '수' ─ 서수(ordinaux)와 기수(cardinaux) ─를 대응시킴으로써 이 문제를 해결한다. 이것은 분명히 인류 역사 전체에서 가장 경탄할 만한 보편적 창조물 중 하나이다. 명백히 여기서 진리의 몸은 계산의 세계에서 '무한'이라는 술어를 수들에서 새롭게 전유하는 것을 실현하는 것이며, 이 술어는 그 수들로부터 합리적으로 분리된다.(실제로 모든 수는, 엄격하게 파악할 때, 정의상 유한한 양을 헤아리는 것이었다.)▪ 칸토어는 어떻게 이 새로운 진리의 과정에 대한 자기 자신의 합체를 실현하는가? 매우 고통스러운 **이념화**를 통해서. 그는 실제로 자신이 그 최초의 조직자들 가운데 하나이며 자신을 가로지르는 그 사유가 수학적 합리성과 철학의 관계를 그리고 또한 수학적 합리성과 종교의 관계를 전복한다는 점을 매우 분명하게 파악했다. 칸토어 이전에, 무한은 종교나 형이상학에서 나타나는 **신**(Dieu)이라는 개념적 형식을 통해 **일자**에 연결되었다. 인간적 사유의 영역은 유한이었고, 우리는 본질적으로 유한으로 운명 지어진 피조물들이었다. 게다가 코시가 극한 개념과 실무한 개념의 연루를 엄격하게 분리했던 이유는 바로 이런 것이었다. 칸토어와 함께, 무한은 다수의 영역으로 들어간다. 그는 무한한 다수성들의 현실적 실존을 수용했을 뿐만 아니라, 다양한 무한들로 이루어진 무한성이 실존함을 증명한다. 유한과 무한의 대립 혹은 다수와 **일자**의 대립으로 충분할 수 없다면, 이제 인간 동물의 사유(무한수에 관한 합리적 이론의 전개에 합체되는 칸토어 개인)와 **초월**의 가정(기독교 신자인 칸토어 개인) 사이의 관계를 어떻게 다룰 것인가? 칸토어적 **이념화**는 전적으로 이러한 지점을 다루는 것이고, 따라서 그 자신의 발명이 지닌 근본적이고 위반적이며 보편적인 새로움의 사유에 노출되는 것이다. 칸토어는 그 후로 스스로 확신하지 못한 채 수학적 무한과 신학적 무한의 차이를 무한 개념

▪ 나는 오늘날에도 여전히 내가 '수의 장소의 매혹'이라 말했던 어떤 것을 감지할 수 있다. 나는 거기에 확실히 이론적 영역에서 내가 가장 선호하는 저술인 『수와 수들』(*Le Nombre et les nombres*, Le Seuil, 1990)을 바쳤다. 나는 특히 실무한이라는 모티프와 '수'라는 유적인 개념 간의 내적인 연결고리들을 자세하게 소개하며, 이런 방식으로 유한의 낡은 문제 설정을 그리고 또한 헤겔의 '악무한'의 문제 설정을 뒤집었다.

자체에 넘기려 시도할 것이다. 그는 로마 교황청에 편지를 써서 조언을 구하려 할 것이다. 그리고 또한 미쳐버릴 것이다…. 거기에서 우리는 어떻게 **이념화**가, 한편으로, 알 수 없는 경계들까지 나아가는 그의 증명 규율이라는 영웅적 결정을 조직하는지 이해한다. 다시 말해, 그는 유리수 집합―즉 분수 집합―이 셀 수 있는 집합이며, 따라서 이 수들이 우리의 즉각적인 직관과는 반대로 자연수 전체보다 '더 많은 수로 구성되어' 있지 않다는 점에 관해 엄격한 증거를 제시한 후, '나는 그것을 보고도 믿지 못하겠다!'고 외친다. 하지만 우리는 또한, 다른 한편으로, **이념화**가 어떻게 칸토어 개인과 평범한 세계의 관계를 조직하고 재편하는지, 그리고 어떻게 그의 사유하는 합체가 갖는 존재론적 폭력으로 괴로워하고 거의 절망에 이르면서도 포기하지 않는 이 세계에 속한 동물의 특성을 표현하는지 알게 된다.

도식 2(뒤표지 안쪽 참고)는 진리들의 경로 전체를 제시하며, 따라서 『세계의 논리』 전체에 관한 일종의 집약체와 같다. 여기에서 그 도식을 자세히 설명하는 것은 중요하지 않다. 그 도식은 그저 '무차별적 다수성들'에서 사건적 파열로 나아가는 선이 실제로 세계 내에 주어지는 진리 구성의 **객관적** 지지대들을 조직한다는 점을 표시할 뿐이다. 반면, 사건에서 '영원한 진리들'로 나아가는 선은 이러한 진리의 생성에 대한 개인들의 합체에 의해 유발된 **주체적** 범주들을 배열한다. 두 선 사이에는 수직적인 대응 관계가 있다. 예를 들어, 앞서 설명한 대로, 사건의 주체적 흔적은 비실존의 지양 외에 다른 것이 아니다. 다시 말해 실존의 조건은 초월성을 지양한다. 즉 진리의 몸의 기관들(organes)은 철저한 선택의 형식 아래에서 세계의 지점들(points)을 다루는 데 쓰인다.

이념화가 진리의 과정에 합체되는 와중에 있는 개인을 통해 이 경로의 구성요소들의 연결을 담당하는 것임을 받아들인다면, 우리는 **이념화**가 명백히 인간 삶의 특수성에 관한 난제들을 대가로 그 삶이 자신의 보편화를 위해 가로질러야 하는 것이라는 점을 알게 된다.

이념은 실존의 의미의 엄격함이다.

결론

4-1장에서 철학의 실존 문제를 다루면서 이미 했던 것처럼, 이 두 번째 선언을 첫 번째 선언과 비교하자면 다섯 가지 점이 내게 강한 인상을 주는데, 이는 또한 20년에 걸친 세계의 변화에 관한 징후를 이루는 윤곽들에 해당한다.

1. 이미 말한 그대로, 20년 전 내가 맞서 싸웠던 철학적 입장은 주로 프랑스적으로 변한 하이데거의 입장(데리다, 라쿠-라바르트, 낭시뿐만 아니라 리오타르 또한 포함되는)인데, 이는 말하자면 형이상학적 형식을 갖는 철학의 돌이킬 수 없는 종말을 고지하며, 예술과 시, 회화와 연극을 사유를 위한 최상의 방책으로 간주하는 입장이다. 나의 '플라톤적 몸짓'은 원래 의미에서의 철학의 가능성을 재확인하는 것이었는데, 다시 말하자면 그것은 확실히 변형되었지만 또한 알아볼 수 있는 삼중의 주

요 범주인 존재, 주체, 진리의 절합이었다. 나는 철학이 종말의 파토스에서 빠져나와야 하고, 그 역사에 있어 특별히 새롭고 극적인 순간에 있지 않으며, 언제나 그랬듯이 철학 자체를 구성하는 명제들에서 한 걸음 더 나아가기를, 특히 새로운 진리 혹은 진리들의 개념의 구축을 시도해야 한다고 주장했다. 나는 요컨대 해체라는 비판적인 이상형에 맞섰다.

오늘날 중요한 적수들은 더 이상 [과거와] 같은 자들이 아니다. 데리다와의 마지막 만남들 중 한 차례에서(우리는 화해했었다.), 그는 내게 '어쨌든 지금 우리에게는 같은 적들이 있다'고 말했다. 이것은 전적으로 옳은 말이다. 이 두 번째 선언문이 겨냥하는 표적은 더 이상 그 해체라는 방식으로 이루어지는 형이상학의 극복이 아니다. 그 표적은 오히려 ─ 단적인 [정치적] 반동이 성공을 거둠으로써 지적 반동이 기승을 부릴 때마다 그런 것처럼 ─ 분석철학, 인지주의, 그리고 민주주의와 인권 이데올로기를 통한 빈곤한 교조주의 같은 어떤 것의 복원이다. 말하자면 그것은 언제나 그러하듯 종교적 색채를 띤 어리석은 도덕주의(요컨대 공격적이고 전체주의적이기보다는 관대하고 민주주의적이어야 한다고 말하는)를 통해 배가된 일종의 과학주의(정신을 자연화하여 신경학의 프로토콜에 따라 이를 연구해야 한다고 주장하는)이다. 그러므로 내가 언제나 존재, 주체, 진리라는 삼중항을 강조한다면, 이는 과학주의(대상의 자연 상태만을 인정할 뿐 결코 주체의 영원성을 인정하지 않는)와 도덕주의(법과 질서의 주체만을 인정할 뿐 결코 근본적인 선택과 창조적인 폭력을 인정하지 않는)가 그 실존을 부정하려 하는 이상, 관건은 그러한 삼중항의 **실제적인** 출현과 세계 내에서 관찰 가능한 그 작용이기 때문이다. 철학의 지속적 **실존**을 위한 선언(철학의 완료라는 파토스에 맞서는)에 이어 철학의 혁명적 **타당성**에 바쳐진 선언(철학을 서구의 선전을 구성하는 요소로 만드는 비굴한 교조주의에 맞서는)이 이어진다고 말하도록 하자.

2. 첫 번째 선언에서 나는 처음으로 철학의 실존이 네 가지 유형의 유적인 조건들 혹은 해방의 정치와 그 변종들, 형식과학과 실험과학(수학과 물리학), 예술들(조형예술, 음악, 시와 문학, 연극, 춤, 영화), 그리고 사랑과 같은 진리 절차들에 의존한다고 선언했다. 나는 이러한 조건들 중 몇몇의 근대성을 정식화했다. 레닌주의와 마오주의, 칸토어의 혁명, 횔덜린이 열어젖히고 파울 첼란이 끝맺은 시인들의 시대, 프로이트에서 라캉에 이르는 정신분석 등에 관해서 말이다. 나는 거기에 철학이 그 진리라는 것의 기원적 개념을 구축하고자 하는 시도의 출발점이 되는 실제적인 진리 절차들이 있다고 주장했다.

나는 오늘날 이 조건들의 체계를 주장한다. 하지만 이 체계의 예시는 훨씬 더 모호해졌다. 과학에 관해 이야기하자면, 과학은 점점 기술의 상업적 차원에 대한 영향력으로 환원되고 있다. '예술'이라는 말과 관련된 것은 새로운 상상적 구축물 속에서 모든 감각적 수단을 구성하고자 하는 '멀티미디어적' 욕망인 '소통'이라는 허약한 관념과 모든 규범을 와해시키는 문화 상대주의 사이에서 약화된다. 실제로 '문화'라는 말은 점차 '예술'이라는 말의 모든 명료한 사용을 금지해야 할 것으로 보인다. 민주주의라는 이름 아래, 그리고 국가 공산주의의 붕괴 이후, 정치는 전반적으로 통제를 넘어서는 상당 수준의 경찰력을 갖춘, 경제와 경영이 뒤섞인 일종의 혼합물로 귀착되었다. 사랑에 관해 말하자면, 내가 이야기한 그대로, 사랑은 가족에 관한 계약적 관념과 성(sexualité)에 관한 방탕한 관념 사이에서 궁지에 몰려 있다. 간단히 말하자면, 기술, 문화, 경영과 성이 과학, 예술, 정치와 사랑의 유적인 자리를 차지하게 된 것이다.

결론적으로 우리는 또한, 조건들과 그 근대적 형상을 상기하는 것을 넘어, 이 조건들의 능동적 자율성을 옹호해야 할 것이다. 이는 실제로 이 조건들을 그 과정의 동시대적 역사 안에 배치하는 것으로 귀착된다. 내가 여기에서 한 작업은 서술적이라기보다는 이론적이다.

그럼에도 그 경로는 상당히 명확하다.

새로운 이론적 틀이 수학적 설명방식을, 특히 논리의 수학화를 전복한다는 점을 드러내야 할 것이다. 그 틀은 범주론(théorie des catégories)이다. 물리학의 장에서, 모든 현상이 그 현상적 단독성 속에 실존의 층위를 포함한다는 점을 고려함으로써 상대성을 일반화하는 가설들이 가장 유망한데, 이러한 가설들이 프랙털 기하학(géométrie fractale)을 통해 현대적이고도 견고한 수학적 준거물을 갖는 만큼 더더욱 그러하다.

예술에 관해서, 영화(지난 20세기의 가장 위대한 예술적 창안물)의 발자취에서 새로운 가능성들이 어떻게 나타나는지 보여주어야 할 것이다. 당장은 그러한 가능성들의 탐색이 예술적 활동의 분류와 위계에 관한 근본적인 개편의 방향에서 결정적인 동요를 일으키지 않았음에도 말이다. 준거물이 없는 이미지 혹은 가상 이미지의 도래는 어떠한 의심의 여지도 없이 재현의 문제에 관한 새로운 국면을 열어낸다. 어쨌든 지금부터, 명작을 포함하는 회화의 집중된 형식들은, 수십 년간의 비판적 부정 이후, 예술 안에서의 긍정(affirmation)의 회귀[■]를 통해 이해해야 하는 것이 무엇인지 가리킨다. 예술은 **역사**에 대한 입장을 정하고, 지난 세계에 대한 결산을 실행하며, 그저 반항적일 뿐만 아니라 '감각적인 원리들'이라 부를 수 있을 몇 가지 단언들(affirmations)을 중심으로 통일되는, 사유의 새로운 감각적 형식들을 제시할 수 있고 또한 그렇게 해야 한다.

정치에서, 세계 시장의 확장(마르크스에 의해 예견된)은 해방적 활동의 초월성(세계라는 능동적인 무대)을 변경하는데, 국가적이거나 관료적이지 않은 공산주의 인터내셔널^{■■}의 조건들이 집결되는 것은 바로 오

■ 예술 안에서의 긍정의 회귀와 이에 결부된 미학적 교설에 관해서는 「긍정주의의 선언에 관한 세 번째 소묘」("Troisième esquisse d'un manifeste de l'affirmationnisme", *Circonstances 2*, Lignes, 2004)라는 텍스트를 읽을 수 있다.

■■ '공산주의'나 '공산주의자들'이라는 말은 청년 마르크스의 저술에서 나타나는 유적인 의미를 통해 파악되어야 한다. 역사적인 근거에서, 이 의미는 20세기에 이 말이 '공산주의 정당' 혹은 '국제 공산주의 운동'이라는 표현을 통해 만들어내는 반향에 의해 대체로 은폐된다. 우리가 당 없는 정치의 시대―'반자본주의적 정당'의 창설이 사산되었다는 점을 부수적으로 보여주며, 의회-자본주의에 즉각적으로 흡수됨을 의미하는 것―에 있기에, '공산주의'라는 말은 이제 '정당'에 연결된 형용사로 사유되기보다는 오히려 해방의 정치를 이루는 다양한 장들과 새로운 조직들을 포괄하는 규제적 가설로 사유되어야 한다. 이 모든 것에 관해서, 내가 쓴 작은 책 『사르코지는 무엇의 이름인가?』(*De quoi Sarkozy est-il le nom?*, Nouvelles Éditions Lignes, 2008)의 특히 8장과 9장을 참고하라.

직 오늘날의 일일 것이다. 어쨌든 앞서 지난 세기의 정치사에 관한 결산을 가져오고 노동자와 대중의 현실에 뿌리내리며 지속되어 온 정치적 경험들은 두 가지 사항을 입증한다. 먼저, 국가에 대해 거리를 두고, 권력을 목적으로 삼지도 않고 의회주의의 틀을 추구하지도 않는 정치를 펼치는 일은 가능하다. 다음으로, 이러한 정치는 20세기 전체를 지배했던 정당 모델과 전혀 다른 조직 형식들을 제안한다.∎

마지막으로 지난 10년 혹은 20년 전부터 정신분석에 가해진 맹렬한 공격의 의미에 관해 자문해야 할 것인데, 이 공격은 모든 성적인 실천에 대한 일종의 무미건조한 정상화를 수반하는데, 이러한 행위들은 사랑의 과정의 변형에 결부되어 있다.

이러한 과제는 모두에게 제시된다….

3. 첫 번째 선언에서 나는 나 자신의 시도를 '플라톤적 몸짓'이라 명명했고, '**다수**의 플라톤주의'라는 역설적인 표현으로 나의 철학을 특징지었다. 플라톤에 대한 준거는 이 두 번째 선언에서도 근본적인 지위를 유지하지만, 그 정향에는 차이가 있다. 20년 전에, 나는 20세기 전체의 반플라톤주의에 맞서 플라톤을 소환했다. 이를 실행하기 위해 나는 두

∎ 프랑스에서 이런 방향을 취하는 가장 중요한 정치적 경험과 관련된 것은 '정치 조직'(Organisation politique)과 '노동자 기숙사 미등록 노동자 집단 연합' (Rassemblement des Collectifs des Ouvirers Sans Papiers des Foyers)의 발표된 글들이다. 나는 이런 면에 관해 《정치 저널》(*Le Journal politique*)에서 발행한 잡지들의 통합본을 권한다. 다음 주소로 편지를 쓸 것. Le Perroquet, BP 84, 75462 Paris, Cedex 10, France. journal.politique@laposte.net

가지 주제를 동원했다. 첫 번째는 수학의 존재론적 의의에 대한 준거인데, 이는 고대나 현대의 소피스트적 담론(la sophistique)의 시에 대한 수사적이고 언어적인 의존에 반대하는 것이다. 다음은 '절대적'이라 말할 수 있는 진리들의 실존을 확신하는 것이고, 그런 의미에서 형이상학의 종말 또는 극복이라는 모티프에 반대하는 고전적 형이상학의 야망을 유지하는 것이다. 오늘날 두 가지 보충적인 주제가 모습을 드러내어 플라톤적 계보를 강화한다. 첫 번째는 오늘날 '민주주의'를 위한 헤게모니적인 만큼이나 호전적인 선전을 타격하게 될 철학적 의심이다. 플라톤은 민주주의에 관한 최초의 체계적 비판을 제시하고, 우리는 그 작업을 재개하지 않을 수 없다. 물론 우리는 전적으로 다른 관점에서 그 작업을 해야 하겠지만, 적어도 지도적인 엘리트 집단과 관련해서 플라톤이 제안하는 해결책이 공산주의적 유형에 속한다는 점은 인상적이다. 실제로 동시대 세계의 근본적인 질문은 분명히 다음과 같은 것이다. 전쟁으로 이끄는 자본–의회주의(따라서 '민주주의')인가, 아니면 공산주의적 가설의 성공적 쇄신인가? 두 번째 새로운 주제는 **이념**이라는 주제이다. 이전 장에서 보았듯이 내가 실제로 주장하고자 하는 바는 진정한 삶이란 **이념**의 표지 아래 있는 삶이며, 많은 점에서 우리는 플라톤의 변증법적 구축을 내 생각대로 해석할 수 있다는 것이다. 결국, 이 두 번째 선언은 두 번째 플라톤적 몸짓의 필요성에 의해 지탱된다. 더 이상 다수의 플라톤주의(어쨌든 여전히 유지되고 있는)가 아니라 **이념**의 공산주의이다.

4. 『존재와 사건』에서 그리고 마찬가지로 그 논변을 집약한 첫 번째 선언에서, 근본적인 개념은 '유적인 것'(générique)이라는 개념이다. 게다가 이것은 첫 번째 선언 마지막 장의 제목이기도 하다. 이 말은 진리들의 주된 존재론적 성격을 표시하는 것이었다. 즉, 존재하는 모든 것과 같이, 그 존재로서의 존재가 순수한 다수성이라면, 진리들은 유적인 다수성들이라는 것이다. 세계(당시에는 내가 '상황'이라고 말했던)를 구성하는 다수성들 가운데, 진리들은 특징의 부재로 특징지어진다. 진리들은 모든 세계를 향해 증언하는데(그리고 이것이 바로 그것들이 진리들인 이유인데), 왜냐하면 어떠한 특수한 술어로부터 규정될 수 없기에 진리들의 존재는 이 세계에 귀속되는 단순한 사실과 동일한 것으로 사유될 수 있기 때문이다. 바로 이런 의미에서 마르크스는 자기 노동력 외에는 모든 것을 박탈당한 프롤레타리아가 유적인 인류를 재현하며, 따라서 현대의 역사-정치적 상황의 진리가 된다고 주장했던 것이다. 나는 진리들이 특수한 세계들 안에서 창조됨에도 불구하고, 진리들의 보편성은 정확히 그 특수성의 부재에 결합된다는 것을 보여주었다. 중요한 지점은 유적인 다수성들이 실존할 수 있다는 점 — 수학자 폴 코언의 유명한 정리*가 알려주는 것 — 을 증명하고, 이어서 이질적인 상황들 속에서 이 상황들의 유적인 부분집합을 창조하는 능력을 진리들을 (혹은 이와 동일한 것인 보편성을) 스스로 생산하고자 하는 모든 활동에 규범으로 제시하는 것이었다.

---

* 폴 코언(Paul Cohen, 1934~2007)은 칸토어의 연속체 가설이 선택 공리를 포함한

이 두 번째 선언에서, 중심 개념은 주체화될 수 있는 몸이라는 개념이다. 문제가 되는 것은 언제나 진리들이지만, 중요한 것은 더 이상 유적인 다수성들에 관한 수학적 형식주의 안에서 사유되는 진리의 존재가 아니다. 중요한 것은 진리들의 출현, 규정된 세계 내에서의 진리들의 실존과 전개의 물질적 과정이며, 또한 이 과정에 결부된 주체적 유형이다. 유적인 다수성의 본질이 **부정적** 보편성(모든 술어적 동일성의 부재)이라면, 진리의 몸의 본질은 역량들에, 특히 모든 일련의 **지점들**(*points*)을 현실 속에서 다루는 능력 안에 있다. 하나의 지점이란 무엇인가? 그것은 몸의 발전에 있어 중요한 순간, 다시 말해 어떤 방향을 다른 방향에 우선하여 선택함으로써 그 몸의 운명이 결정되는 순간이다. 이렇게 말해도 좋다면, 이는 진리의 과정 전체의 단적인 양자택일로의 수축이다. 이를테면, 이것이냐 저것이냐라는 양자택일인 것이다. 그러한 지점을 성공적으로 다루기 위해, 몸은 내가 적합한 '기관들'(*organes*)이라 명명하는 것을 사용해야 한다. 예를 들어, 무장한 반혁명의 충격을 견뎌내기 위해, 혁명 정당은 (정치의 레닌주의적 시퀀스에서) 투사적인 유형의 규율에 따라 조직되어야 한다. 이러한 규율은 (레닌의 텍스트 『위기가 무르익다』에서 보게 되는 것처럼) 봉기와 대기주의 사이에서 확실히 선택하기를 결정해야 하는 순간에 있어서 정치적인 몸에 적합한 기관(*organe*)이다. 혹은, 잭슨 폴록[●]이 모방적이거나 표현적

체르멜로-프렝켈 공리계에서 독립적이라는 점을 혹은 달리 말해 참이나 거짓으로 증명될 수 없다는 점을 증명하여 수학계의 노벨상이라 불리는 필즈 상을 수상했다.

인 전통 전체에 반대하여 색칠하는 몸짓으로 곧바로 이행하는 회화를 만들고 더 이상 어떠한 대상적이거나 정서적인 준거물로 옮아가지 않겠다고 결정할 때, 그는 적합한 색채의 투영을 통해 표면과 수단을 활용하고 또한 강력한 민첩함과 순간의 포화를 향해 나아가는 일종의 몸의(물질적, corporelle) 배치를 활용해야 한다. 바로 이런 것이 **액션 페인팅**(*action painting*)이라는 유형의 회화적 진리의 기관들이다.

결국 우리는 몸, 주체적 정향, 지점들 그리고 기관들로 이루어진 복합체가 이 두 번째 선언에서 보편성의 **긍정적**(*affirmative*) 전망을 구성한다는 점을 알게 된다. 유적인 것이 다른 모든 유형의 존재와 구별되는 것으로서의 진리가 **존재한다**는 점을 나타낸다면, 몸과 그 정향은 진리를 **만들어내는** 것을, 그리고 따라서 진리가 세계에 속한 대상들의 운명을 공유하면서도 그로부터 분리되는 방식을 나타낸다. 첫 번째 선언은 진리들에 관해, 존재로부터 분리하는 교설에 의해 지탱되며, 두 번째 선언은 진리의 구성을 통합하는 교설에 의해 지탱된다. 참의 보편성의 존재론은 그 생성의 실제로 이어진다.

5. 첫 번째 선언의 순간과 그에 이어지는 몇 해 동안, 아마도 90년대 중반까지, 진리들의 보편성을 둘러싸고 격렬한 전투가 벌어졌다. 이 당시에 가장 많이 읽힌 나의 책 세 권은 앞서 말한 선언을 비롯하여, 성

• 잭슨 폴록(Jackson Pollock, 1912~1956)은 미국의 추상화가로 추상 표현주의의 주요 인물이며, 바닥에 놓인 천에 공업용 페인트를 뿌리는 방식의 '액션 페인팅' 기법의 창안자.

바울에 관한 시론(『성 바울 또는 보편주의의 정초』〔한국어 판 제목:『사도 바울』〕)과 "윤리학"(L'éthique)이라는 제목이 붙여진 작은 개설서였다. 이 텍스트들은 모두 개인에 대한 '민주주의적' 변명을 포함하는 특수성의 숭배와 진리들의 보편적이고도 유적인 차원 사이의 대립에 무게중심을 둔다. 게다가, 바로 이런 의미에서 나는 '진리들의 윤리'에 대해 말했으며, 문화적 상대주의에 대해서와 마찬가지로 인권에 관한 입씨름에 철저하게 반대했던 것이다.

몇 년 전부터, 특히 『세계의 논리』의 여러 다양한 구절에서 보게 되는 것처럼, 나는 오히려 진리들의 **영원성**을 강조한다. 이는 보편성이 형식(유적인 다수성의 형식)의 문제인 반면, 영원성은 그 과정의 실제적인 결과와 관계되기 때문이다. 내게 흥미로운 것은 진리가 특정한 세계 내에서 특수한 재료들로 생산되는 동시에, 완전히 다른 세계 내에서 그리고 엄청나다고 할 수 있는 시간적 거리를 두고도 ─ 우리는 4만 년 전에 그려진 암각화의 예술적 힘을 이해한다 ─ 이해되고 사용될 수 있는 이상, 진리는 시간을 가로지르는(transtemporelle) 것이어야 한다는 점이다. 내가 진리들의 '영원성'이라고 부르는 것은 진리들이 원래 창조된 세계와는 이질적인 세계들에서도 소생되어 다시 활성화될 수 있는, 이와 마찬가지로 미지의 대양과 캄캄한 수천 년의 세월을 뛰어넘을 수 있는 그 확고한 가용성(可用性)이다. 이론은 이러한 이동을 절대적으로 가능하게 해야 한다. 이론은 흔히 대상으로 물질화되는 이념적 실존들이 어떻게 시공간의 정확한 지점으로 창조되는 동시에 이러한 영원성의 형식을 취할 수 있는지 설명해야 한다. 데카르트는 '영원한 진리들의 창조'에 대해 말했던 바 있다. 나는 이러한 계획을 되풀이한다. 다만 **신**의 도움 없이….

요컨대 이 두 번째 선언은 혼란과 혐오를 유발하는 현시점이 우리에게 정치, 예술, 과학, 그리고 사랑에 영원한 진리들이 있다고 말하도록 강요하는 것에서 기인한다. 그리고 우리가 스스로 이런 확신으로 무장한다면, 우리가 주체화 가능한 몸들의 창조 과정에 빠짐없이 참여하는 일이 삶을 생존보다 더 강하게 만드는 것임을 알게 된다면, 우리는 랭보가 『지옥에서 보낸 한 철』(*Une saison en enfer*) 마지막 부분에서 다른 무엇보다 바랐던 것을, 즉 '영혼과 몸 안에 있는 진리'를 소유하게 될 것이다. 그러므로 우리는 **시간**(Temps)보다 굳세어질 것이다.

도식들

이 책의 앞표지와 뒤표지 이면에 그려진 두 개의 그림(실제로 과장하지 않고 그림이라고 말할 수 있는)은 내가 종이 위에 연필로 어설프게 그린 도식들을 기초로, 예술가인 모니크 스토비에니아(Monique Stobienia)가 구현한 것이다. 도식 2는 스토비에니아가 참여한 내 세미나에서 배포되었다. 그녀는 그 도식에서 출발하여 철학적 개념들을 가시성에 관한 동시대적 작업에 합체하는 사유의 노선을 따라서, 최초의 도식(도식 2를 위해 재생산된 그림)에 가장 가깝게 접근한(이미 훨씬 넘어서기는 했지만…) 일련의 놀라운 변형들(실제로 7개의 다른 연작들)을 발전시켜, 직선들로 구조화된 힘과 색채에 관한 전례 없는 사유 그리고 그 저변에 깔린 일종의 풍경화적 몽상이 뒤섞인 구축물들을 만들어내기에 이른다. 게다가 나는 이 변형들 중 하나를 이 책의 표지로 채택했는데, 왜냐하면 이러한 뒤섞임이 나에게 제공하는 것은 철학이 그 자신의 출현에 사로잡혀 다른 방식으로 제시하는 개념들에 부과하는 것에 관한 감각적 이념이기 때문이다. 나는 이 모든 것을 고려하여 모니크 스토비에니아에게 도식 1을 자유롭게 구현하도록 주문했다.

나는 여기에서 이 예술가에게 철학적으로 열렬한 감사를 표하고자 한다. 덧붙여 관대하게도 나의 작업에 대해 상상하고 작업함으로써 시작된 이 협업—그녀가 이미 자크 데리다의 작업에 관해서도 했던 것과 같은—이 다른 형식으로 지속될 것이라 생각한다.

옮긴이 후기

1

지난 3년간 전 세계에 영향을 미친 코로나 바이러스 팬데믹은 여러 모로 많은 피해를 초래했다. 많은 사람들이 감염에 따른 육체적 피해 뿐만이 아니라, 정신적인 피해를 호소하기도 한다. 정부가 시키는 대로 백신을 잘 맞았고, 개인적으로 원래 주위에 사람이 없더라도 혼자서 하는 작업으로 충분하다고 믿는 편이라 그리 큰 문제는 없다 생각했는데, 그 기간이 한 해가 되고 두 해가 지나면서 같은 관심사를 가진 동료와의 교류 없이 살아간다는 것이 얼마나 정신에 해로운 일인가를 실감하게 된다. 그런 점에서 그나마 신규 감염자 수가 줄어든 최근에 이 책의 번역을 최종적으로 마무리하기 위해 서용순 선생님과 담당 편집자 천정은 차장님을 만나 잠시나마 공동작업과 친교의 시간을 얻었던 것은 내게 있어 약간의 숨 쉴 구멍이 되었다. 스스로 외로운 시골 생활에

익숙하다고 자부하던 이 '지하 생활자'에게도 관심사를 공유하는 사람들과의 만남은 너무나도 필요한 일이 아닐 수 없었다. 여러 선생님들과 동료들의 도움을 얻어 책의 번역 작업을 마무리하면서 짧게나마 책에 관한 이야기를 좀 해보려 한다.

2

먼저 책에 관한 이야기를 하기 전에 잠시 알랭 바디우 자신에 관해 이야기해 보기로 하자. 철학자 바디우는 오늘날 68 혁명 이후 프랑스 사상의 위대한 시대를 목격하고 증언하는 몇 남지 않은 철학적 거인들 중 한 사람이다. 사르트르, 들뢰즈, 푸코, 알튀세르 등 프랑스 철학의 사상적 폭발이 있었던 6,70년대를 거쳐, 데리다, 리오타르, 낭시, 랑시에르, 아감벤, 지젝 등의 위대한 사상가들의 시대가 끝나가고 있는 이 시대에 그 이름들과 함께하는 별자리에 위치할 거의 마지막 사상가인 것이다.

다른 철학자들 역시 그렇겠지만 바디우의 사상은 상당히 독특하다. 그의 철학을 간략히 설명하자면, 아마도 '속류가 아닌 정교화된 플라톤주의'라는 말을 꼽을 수 있을 듯한데, 이는 그의 철학이 '일자(혹은 하나)'를 중심에 두고 체계를 구성하는 종래의 철학과는 달리 '다수(혹은 여럿)'를 중시한다는 의미라 할 수 있다. 전통적인 철학에서 진리는 하나이며, 하나의 진리가 모든 것을 통할한다. 진리는 옳은 것이며 모두에게 좋은 것이라 할 수 있을지 모르나, 여기서 일자로서의 진리는 모든 것에 대한 일종의 폭력이 될 수 있다. 그런 점에서 플라톤의 이상 국가를 지배하는 철인왕 역시 일자의 폭력으로 모든 것을 짓누르는 자일 수 있다. 바디우는 여기서 이 일자의 폭력을 제거하는 방식으로 일자의 플라톤주의가 아닌 다수의 플라톤주의를 제시한다. 상황 혹은 세계는 일자로부터 시작되는 것이 아니라 다수로 이루어지며, 더 나아가 일관적인 것이 아니라 비일관적인 것(사건)으로부터 기인하며, 진리 역시 하나가 아닌 여럿으로 상정된다. 이와 함께 진리는 논리적인 참과 거짓이나, 사실이나 사물에 대한 대응을 말하는 정합성이나, 또는 다른 명제들과의 일치를 보는 정합성이 아닌 상황 혹은 세계를 확장하는 보충으로서의 새로움이라는 성격을 갖게 된다. 그리고 철학과 진리의 관계 역시 전환되는데, 종래의 철학에서 철학은 진리를 대상으로 삼아 진리를 지배하는 위치에 섰지만, 바디우의 철학 체계에서 철학은 정치, 예술, 과학, 사랑 등의 네 가지 진리 절차들을 조건들로 삼아 정립된다. 그리고 이러한 전환을 통해, 플라톤주의는 일자의 폭력이라는 비판에서 벗어나 좀 더 완전한 형태를 취하게 된다. 이런 점에서 바디우에 따른 철학과 진리의 관계에 대한 도식적 전환은 유래를 찾기 어려운 상당히 독특한 것이라 할 수 있다.

3

바디우는 이미 1989년에 '철학을 위한 선언'을 공표한 바 있고, 이 책은 그로부터 20년이 지난 후 집필한 '철학을 위한 두 번째 선언'이다. 속류가 아닌 정교화된 플라톤주의를 표방하는 그에게 '철학을 위한 선언'을, 그것도 두 차례나 반복해서 해야 할 이유는 무엇일까? 기실 이

'철학을 위한 선언'이라는 제목은 어떤 의미로 보자면 일정 이상의 이상한 점이 있다. 철학은 고대 그리스에서 시작된 이래 지금까지 계속되고 있으며, 또한 참과 진리를 가르는 것을, 다시 말해 진리를 그 주된 관심사로 삼는 이상 시간을 초월하는 것으로 받아들여지는데, 이를 위해 어떤 시대에 한정되며 시간적 긴급성을 상정하는 '선언'이라는 것을 해야 한다는 점은 약간은 모순적으로 여겨질 수도 있는 것이다.

어쨌든 분명한 것은 철학이 그 존재의 위기 혹은 실존의 위기를 겪고 있다는 점이다. 바디우가 내놓은 철학을 위한 '첫 번째 선언'의 시대적 배경(1989년)에는 공산주의 세계의 몰락과 함께 도래한 어떤 거대담론의 몰락이 있었고, 이에 따라 금융가, 정치가, TV 진행자들의 결탁에 따른 공론의 장악이 있었으며, 또한 거대담론의 몰락에서 부추겨진 정체성의 정치(민족적, 성적, 문화적, 종교적 정체성)가 있었다. 바디우의 판단에 따를 때, 그 당시 철학은 정치(알튀세르)나 예술(정확히는 시, 하이데거 및 그의 추종자들) 등에 봉합되어 거의 빈사 상태에 이르게 되었고, 따라서 필요했던 것은 철학과 그 조건들의 '탈봉합'이었다. 두 번째 선언이 쓰일 당시 프랑스에서는 사르코지 정부가 들어섰고, 무분별한 다국적 자본의 세계화가 맹위를 떨쳤으며, 미국의 군사주의 및 테러와의 전쟁이 펼쳐지는 것을 목도해야 했다. 철학은 모든 곳(헬스클럽, 카페, 금융권 등)에 편재하게 되었는데, 이때 문제는 봉합이 아니라 철학이 윤리나 도덕 혹은 일상적인 삶에 대한 교훈 같은 것으로 취급되었다는 점이다. 여기서 철학은, 고대의 소피스트들이 바랐던 것처럼, 다른 담론들과 다를 바 없는 여러 담론들 중 하나로 취급되었다. 따라서 두 번째 선언에서 철학의 고유한 실존을 되찾는 사안에 있어 중요한 것은 철학의 '탈도덕화'였다.

4

책의 배경에 대해 잠시 살펴보았으니, 이제 책 자체에 관해 이야기해 보자. 여러 바디우 연구자들에 따를 때, 이 책에서 바디우는 플라톤주의자답게『국가』7권에서 제시되는 플라톤의 동굴 이야기의 진행 구조를, 즉 동굴 밑바닥에 사슬로 매여 있는 사람들에게 모든 것인 의견(doxa)으로부터 이념화(idea)로 향하는 상승의 구조를 따라 논의를 진행한다.

그 시작부터 사회의 주된 의견에 대한 비판이 철학의 사명이었던 것을 감안하자면, 책의 논의를 '의견'으로 시작하는 것은 당연하다. 과거에도 그러했지만, 근래에는 더욱더 의견의 지분이 크다. 무엇을 하더라도 여론조사로부터 시작하니 말이다. 어떤 사안에 관한 사람들의 의견은 이러하다, 혹은 몇 퍼센트가 반대한다는 등의 여론조사 결과는 누구에게나 익숙한 공적인 의견의 표명 방식이다. 하지만 의견이란 사실이나 정확한 인식이 아니며, 여론조사는 의견을 수렴하는 방식에 따라 얼마든지 조작이 가능하다. 하지만 그럼에도 특히 정치의 영역에서 여론조사는 거의 움직일 수 없는 사실과 같이 취급되는데, 바디우는 이런 경향을 의견에 대한 물신적 숭배라는 의미에서 의견 물신주의라 비판한다. 또한 의견들, 인권, 여러 다양한 문화들은 존중받아야 할 다양한 의견들의 형태로 중시되지만, 정작 보호되어야 할 권리들과 의견들이 아닌 자본만이 실질적으로 보호되고 이익을 얻게 되는데, 이러한 의회-자본주의의 결탁은 민주주의적 유물론이라는 비판을 받는다. 이러한 세계에서 살아남는 것은 원칙 없는 원칙, 어떠한 제한도 규칙도 없이 자신이 원하는 만큼의 이익을 추구하는 자본가들과 이에 기생하는 위정자들과 미디어이다. 이러한 의견 물신주의의 세계에는 오직 몸들과 언어들만이 있다고 말해진다. 그러나 그 예외로 진리들이 있다. 바디우의 '선언'은 바로 진리들과 이를 조건으로 삼는 철학의 실존에 관한 선언인 것이다.

그다음 장에서는 '출현' 혹은 나타남에 대해 이야기하는데,『존재와 사건』혹은 '첫 번째 선언'에서는 '거기 있음' 즉 현존재를 모든 속성이나 관계에서 빼낸 채로 순수한 다수성(집합)으로 다루었던 데 반해,『세계의 논리』나 '두 번째 선언'에서는 세계 내에 출현하는 존재로, 다시 말해 장소와 관련된 존재로 다룰 것이라고 이야기한다. 세계 내에 나타나는 존재 혹은 출현하는 것은 장소로서의 세계와 연관지어 사유해야 하기에 세계 속에 있는 다른 것들과의 관계의 형식 속에서 사유해야 한다. 그리고 관계들의 형식을 다루는 이론을 논리라 할 때, '첫 번째 선언'이 수학 즉 집합론에 따라 구성되었다면, '두 번째 선언'은 세계 내에 출현하는 존재들이 이루는 관계의 논리에 따라 구성되는 것이다.

이어서 '구별'과 '실존' 장은 사건과 진리 개념에 대해 이야기하기에 앞서 세계의 구성에 관해 다룬다. 먼저 '구별'이라는 제목의 장을 보면, 이전의 책에서는 존재론적(혹은 집합론적) 관점에서 두 개의 다수성 간에 크기의 차이가 없다면(즉 같은 수의 원소를 가진다면) 이 두 다수성을 같은 것으로 보는 데 반해, 세계를 구성하는 논리에 대해 이야기하는 이 두 번째 책에서는 두 다수성에 속한 원소들 간의 차이가 있다면 두 다수성은 서로 구별된다고 이야기한다.

세계의 구성을 본격적으로 다루는 것은 '실존'이라는 장인데, 여기서 바디우는 사르트르의 즉자존재와 대자존재 개념쌍의 차이에서 착안한 실존, 칸트에게서 가져온 초월성, 사물, 대상 등을 정의하고, 이 개념들을 사용하여 세계라는 개념을 이야기한다. 바디우에게, 실존이란 결코 어떤 인간의 조건 같은 '실존주의적' 문제와 엮이지 않은 것으로, 이 개념은 단순히 자기에 대한 자기의 동일성(혹은 차이)을 나타내는 정도(혹은 강도)로 규정된다. 초월성이란 대상들 간의 차이나 동일성을 나타내는 동일성 함수의 집합을 지칭하는 것이며 세계의 부분이 되는데, 여기서 동일성의 정도는 사물이 어떤 순서에 따라 배열되는 질서를 나타내며, 이에 따라 세계 내에서 서로 관계를 이루는 대상들은 모종의 질서를 갖게 된다. 또한 사물이란 동일성의 정도가 부여되기 이전에 순수하게 세계 내에 존재하는 다수를 나타내며, 대상이란 동일성의 정도가 부여된 사물을 지칭하는 것이다. 세계는 이런 방식으로 주어진 대상들 간의 관계망과 이 대상들에 동일성의 정도를 부여하는 초월성으로 이루어지며, 이런 방식으로 구성되는 세계 속에 하나의 다수성이 나타난다면, 이 다수성에 속한 어떤 원소는 이 세계의 비실존자일 뿐이다.

'철학의 실존'에 관해서도 비슷한 이야기를 할 수 있을 터인데, 오늘날의 세태에서, 철학은 여러 담론들 혹은 의견들 중 하나로 환원되어 윤리나 도덕을 따라야 한다는 도덕주의를 설파하며, 젊은이들은 사회

내에서 보다 안정된 자리를 찾는 경력 추구로 내몰린다. 하지만 소크라테스 이래 철학의 원래 목적은 이러한 세태로부터 젊은이들을 타락시키는 것이며, 참된 것이, 진리가 있음을 자각하고 이에 따르도록 하는 것이다. 즉 오늘날 철학은 철학 자체의 원래 목적과 큰 차이를 보이게 된 것이다. 이것이 바로 "소크라테스는 영원히 심판받게 되는 것이다"라는 말의 의미이다.

5

'변동'이라는 장은 세계 내에 어떤 한 다수성이 나타나, 이 세계의 시각에서 비실존자가 되는 그 다수성의 원소에 실존의 정도가 할당될 때, 세계나 실존을 관장하는 초월적 규제에 국지적인 변용이 있어야 함을 이야기한다. 문제는 세계나 초월성은 장소로 규정되며, 장소는 실존이 아니므로 변화할 수 없다는 점이다. 이에 대한 해결책으로, 바디우는 세계나 고정된 다수들의 관계를 평가하는 초월성 자체가 변하는 것이 아니라, 출현하는 다수가 "그 자체로 그것에 속한 원소들의 비교를 허가하는 동일성들의 척도 아래 떨어지게 될 때 출현 안에 국지적인 변동이 일어난다"고 상정한다. 즉 변동이란 초월성의 전체적인 변화라기보다는 일종의 비교 척도의 보충이며, 예컨대 세계 내에 있는 어떤 한 다수성의 원소들이 출현할 때 이 원소들을 비교할 규칙의 국지적 보충이라고 말이다. 그럴 때 기존의 초월성에는 국지적인 변화가 더해지는 것이다. 하지만 이러한 변동은 곧바로 사건으로 연결되지 않는다. 변동에는 세계에 더해지지만 큰 변화에 이르는 실존값을 갖지 못하는 '사실',

이보다 더 큰 실존값을 가지지만 최대 실존에 이르지 못하는 '약한 단독성', 최대 실존에 이르게 되는 '사건'이 있다.

『존재와 사건』과 '첫 번째 선언'에서 사건 개념에 대한 정의는 사건이라는 집합이 사건의 자리와 사건 그 자체를 원소로 삼게 된다는 것인데, 이는 집합의 자기귀속 금지라는 규칙에 대한 위반이자 모순이다. '두 번째 선언'에서 제시되는 사건 개념 또한 출현하는 어떤 다수성과 그 다수성의 원소 간의 동일성의 정도가 최대가 된다는 모순에 기초한다. 단 '두 번째 선언'에서 사건은, 나타나자마자 곧 사라지지만 그 흔적으로 남는 진리가 펼쳐지기 시작하는 일종의 자리(혹은 장소)가 된다. 즉 사건 이후에 남겨지는 시초 언표와 기존 세계 내에 있는 사물이 일치할 경우 그 사물이 '합체'되어 진리의 몸을 구성하게 되는 자리인 것이다. '합체'란 이런 방식으로 진리의 몸이 구성되는 작용을 지칭한다.

'주체화'라는 장에서는 이런 방식으로 사건에 대한 반응으로 나타나는 세 가지 주체 유형(주체적 입장)에 관해 이야기한다. 충실한 주체란 세계에 대한 국지적 보충물로서 출현하는 진리의 몸에 대한 충실성을 유지하는 주체의 입장을, 반동적 주체란 사건과 새로운 것으로서의 진리에 반대하여 원래 있던 그대로의 전통을 고수하는 주체의 입장을, 그리고 모호한 주체란 더 나아가 새로움에 반대하여 과거로의 회귀를 획책하는 주체의 입장을 말한다. 이 세 가지 유형의 주체는 어떤 것이든 사건과 진리의 몸의 출현 이후에 나타나는 것이기에 그 자체로 새로운 것이라 할 수 있으며, 바디우는 이것들이 때에 따라서 따로따로 협력하거나 한 몸에서 한 번에 나타나기도 한다고 이야기한다. 그리고 '이념화'란 충실한 주체에게 해당하는 것이다. 여기서 바디우가 말하는 이념이란 진리의 몸을 향하도록 맞춰지는 정향, 세계 내의 사물 혹은 대상들이 진리로 도래하도록 하는 힘이다. 개인으로서의 주체는 진리의 몸에 대한 참여를 통해 그 자신은 어떠한 권리도 얻지 못하지만 그럼에도 단순한 생존을 넘어서는 진정한 삶에, 참된 삶에 다가갈 수 있다. 그리고 바로 이것이 철학의 오랜 질문들 중 하나인 "삶이란 무엇인가?"라는 질문에 대한 바디우의 답일 것이다. 즉 진정한 삶은 이념화의 결과인 것이다.

6

이렇듯 이 책은 '의견', '출현', '구별', '실존', '철학의 실존', '변동', '합체', '주체화', '이념화'라는 순서에 따라 바디우의 철학 전반을 요약하고, 『존재와 사건』이나 '첫 번째 선언' 이후의 개념적 변화를 살펴볼 수 있게 한다. 간단히 이야기하자면, 존재론에서 현상학으로의, 집합론에서 위상학 혹은 장소의 논리로의 변천을 살필 수 있으며, 덧붙여 사건은 사건의 자리와 사건 자체를 원소로 갖는 집합에서 자리로 변경되고, 진리는 세계 내에서 그 자체의 몸을 갖는 것으로 제시되는 등 이전의 작업과 비교할 때 몇 가지 개념의 변화를 확인할 수 있다.

7

마지막으로 책의 번역 과정에서 도움을 주신 분들에 대한 감사의 말씀을 남긴다. 최초로 책을 번역한 이후 몇 년이 지나다 보니 당시에 내가 만들었던 원고에서 도저히 그대로 둘 수 없는 번역상의 오류들이 있었는데, 꼼꼼하게 감수를 봐주신 서용순 선생님의 수고와 최종적으로 원고에서 문제가 있을 법한 부분을 지적해 준 천정은 차장님 덕분에 책 작업을 마무리할 수 있었다. 또한 편집자 박동수 씨 역시 번역의 진행 과정에서 도움을 주었다. 그리고 책의 본문에 인용되는 폴 발레리의 시 「플라타너스에게」를 번역해 주신 조재룡 선생님께도 감사의 말씀을 전한다. 시 번역이라는 것이 나같이 책으로 프랑스어를 배워 글을 번역하게 된 인사들에게는 거의 불가능에 가까운 작업이기에, 나의 발레리 시 번역문은 거의 끔찍한 수준이었음을 고백하지 않을 수 없겠다. 프랑스 시 전문가이신 조 선생님의 도움 덕택에 유려한 번역문으로 교체할 수 있었다.

글을 마치기 전에, 서용순 선생님과의 논의를 거쳐 개념어들을 좀 더 정확히 정립하기 위해 이전에 사용했던 몇 가지 번역어들을 변경했다는 점을 밝혀둔다. 이전에는 『세계의 논리』를 소개하는 바디우 개설서들에서 apparaître를 '나타남'으로 옮겼지만 이 책에서는 '출현'으로 옮겼다. 그리고 incorporation은 '통합'으로 옮겼으나 '합체'로, transcendance는 '선험성'이 아닌 '초월성'으로, modification은 '변경'이 아닌 '변용'으로, objectivité는 '대상성'이 아닌 '객관성'으로 옮겼다.

2022년 여름, 경주에서

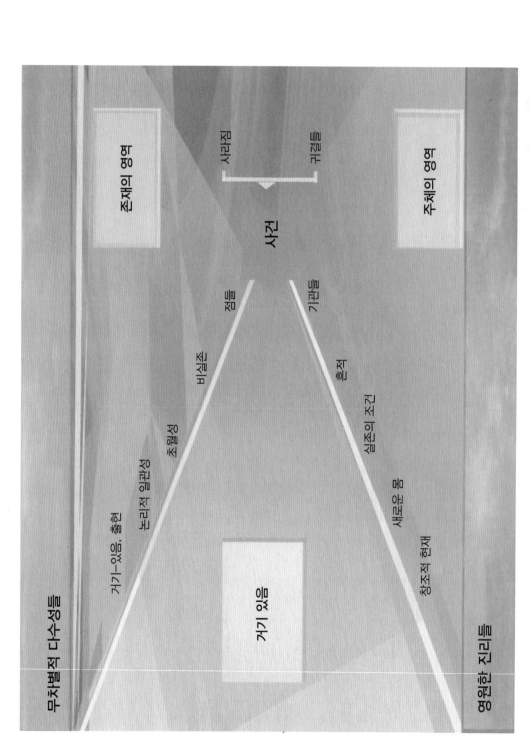

무차별적 다수성들

존재의 영역

거기-있음, 출현

논리적 일관성

초월성

비실존

점들

사라짐

귀결들

사건

주체의 영역

흔적

실존의 조건

새로운 몸

참조적 현재

거기 있음

기관들

영원한 진리들